Diálogos un paso más

Hirotaka SENSUI
Takeshi KAKIHARA
Yuta CHIBA

SANSHUSHA

はじめに

　今，世界で最も注目されている言語の一つにスペイン語があげられます。多くの人がスペイン語を使用し，また広い地域で用いられていることはみなさんも聞いたことがあるでしょう。その使用地域はスペイン，メキシコなど 20 か国，使用人口はおよそ 4.4 億人です。加えて，外国語としてアメリカ合衆国など多くの国々で使用されており，話者の数も増加の一途をたどっています。

　日本でも今後，スペインはもとより，豊かな資源や文化的伝統を誇るラテンアメリカとの交流を深めていくことが必要であり，また国内でもラテンアメリカ出身の居住者が増加する中，スペイン語の需要はいろいろな場面でますます高まるものと思われます。

　さて，このように重要性を増すスペイン語を大学で教える教科書は，すでに数多く出版されています。その多くは初級文法教材であり，伝統的な文法訳読メソッドによって学習者のスペイン語の習得を目指しています。特にことばの仕組みを学ぶという面では，このメソッドがこれまで多くの成果をあげてきたことは否めません。しかしながら，この方法だけで学習者がスペイン語を使えるようになるかというと，現実にはなかなか難しいものがあります。ことばのしくみだけを学んでも，それを実際に使う練習をしてみなければ，ことばを使えるようにはなりません。

　本書では，このような観点に基づき，実際に使えるスペイン語を身につけることを目的としています。そのため，さまざまな場面に対応する短文の対話文を作成しました。学習するみなさんは，それぞれの対話が使われる場面をよく理解しながら，実際に対話文を使ってみましょう。対話文は単に暗記するためだけのものではありません。対話である以上，常に一人あるいは二人以上の相手と一緒になって，いろいろな練習問題の中で文を使いながら身につけるようにしてください。

　だからといって，もちろん文法の重要性を否定するわけではありません。短文であれ文を作る上で，文法は欠かすことのできないものです。本書ではその欠かすことのできない，最小限度の部分をコンパクトにまとめました。側注欄で必要に応じて少々，また，各課の最後に「文法のまとめ」として載せてありますので，活用してください。

　また，側注には各場面と関係の深い，使える語彙や表現をできるだけあげるようにしました。対話文の該当する箇所を入れ替えたりして，練習問題を行う際に役立ててください。

　本書を使って，みなさんがスペイン語で表現できる部分をどんどん広げていけることを期待しています。

著　者

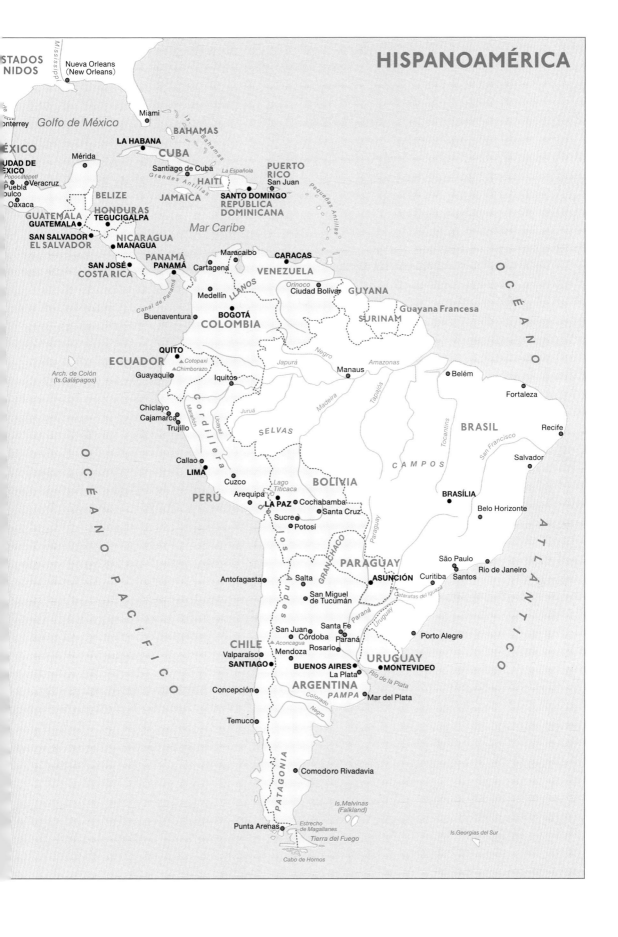

HISPANOAMÉRICA

ESTADOS
NIDOS

Mississippi

Nueva Orleans
(New Orleans)

Monterrey

Golfo de México

Miami

BAHAMAS

MÉXICO

Mérida

LA HABANA

CUBA

Is. Bahamas

CIUDAD DE
MÉXICO

Popocatépetl

Puebla
Acapulco

Veracruz

Santiago de Cuba

La Española

PUERTO
RICO

San Juan

Oaxaca

BELIZE

JAMAICA

Grandes Antillas

HAITÍ

SANTO DOMINGO
REPÚBLICA
DOMINICANA

Pequeñas Antillas

GUATEMALA
GUATEMALA

HONDURAS
TEGUCIGALPA

Mar Caribe

SAN SALVADOR
EL SALVADOR

NICARAGUA
MANAGUA

Maracaibo

CARACAS

OCÉANO

SAN JOSÉ
COSTA RICA

PANAMÁ
PANAMÁ

Cartagena

VENEZUELA

Orinoco

GUYANA

Canal de Panamá

Medellín

LLANOS

Ciudad Bolívar

Guayana Francesa

Buenaventura

BOGOTÁ
COLOMBIA

SURINAM

Negro

QUITO

ECUADOR

Cotopaxi
Chimborazo

Japurá

Amazonas

Manaus

Belém

Arch. de Colón
(Is. Galápagos)

Guayaquil

Iquitos

Fortaleza

Marañón

Ucayali

Juruá

Madeira

Tapajós

BRASIL

Recife

Chiclayo
Cajamarca
Trujillo

SELVAS

San Francisco

Salvador

Callao

LIMA

CAMPOS

Cuzco

Lago
Titicaca

BOLIVIA

BRASÍLIA

PERÚ

Arequipa

LA PAZ

Cochabamba

Belo Horizonte

Sucre

Santa Cruz

Paraguay

Potosí

OCÉANO

Andes

Los

GRAN CHACO

PARAGUAY

São Paulo

Rio de Janeiro

Antofagasta

Salta

ASUNCIÓN

Curitiba

Santos

San Miguel
de Tucumán

Paraná

Porto Alegre

PACÍFICO

San Juan

Santa Fe

Cataratas del Iguazú

Aconcagua

Córdoba

Paraná

CHILE

Mendoza

Rosario

URUGUAY

Valparaíso

SANTIAGO

BUENOS AIRES

MONTEVIDEO

La Plata

Rio de la Plata

ARGENTINA

PAMPA

Mar del Plata

Concepción

Colorado

Negro

ATLÁNTICO

Temuco

PATAGONIA

Comodoro Rivadavia

Is. Malvinas
(Falkland)

Punta Arenas

Estrecho
de Magallanes

Tierra del Fuego

Is. Georgias del Sur

Cabo de Hornos

『ディアロゴス　ネクスト・ステージ』刊行にあたって

　本書は，『CD 付 ディアロゴス　対話で学ぶスペイン語』を前身とする『ディアロゴス　ベーシック・コース』と，いわば姉妹のような関係にあるテキストです。『CD 付 ディアロゴス　対話で学ぶスペイン語』は，2010 年に初版，2016 年に改訂版を上梓し，幸いなことに，スペイン語を初めて学ぶ多くの方々に使っていただくことができました。が，改訂版からでも既に 6 年が経過したため，『CD 付 ディアロゴス　対話で学ぶスペイン語』は，基本的にその内容を引き継ぎながらも，必要な加筆修正を行って『ディアロゴス　ベーシック・コース』として生まれ変わりました。それと同時に，中級向けのテキストのご要望もいただいていたことから，スペイン語の学習を継続される方のために新たなテキストを作成することにしました。それが，いまみなさんが手にしている『ディアロゴス　ネクスト・ステージ』です。

　上述のように，『ディアロゴス　ベーシック・コース』と『ディアロゴス　ネクスト・ステージ』は姉妹のような関係にあるテキストで，同様のコンセプトに基づいて作られています。すなわち，ことばのしくみだけを学ぶのではなく，それを実際に使う練習をしながら身につけていくことを目的とし，さまざまな場面に対応する短文の対話文を使って，表現できる範囲を広げていく，という方法です。一方で，『ディアロゴス　ベーシック・コース』を終えていなければ『ディアロゴス　ネクスト・ステージ』での学習はできないのかというと，そのようなことはありません。両者は独立したテキストであり，『ディアロゴス　ネクスト・ステージ』だけでも，中級レベルの項目はカバーされるように作られています。『ディアロゴス　ネクスト・ステージ』で学べば，点過去や線過去，過去未来，過去完了，未来完了，それに接続法など，初級レベルでは扱いきれなかった項目まで，広く身につけることができるでしょう。これらポイントとなる文法項目は，各課の最後にコンパクトにまとめてあります。側注に各場面と関係の深い，使える語彙や表現をできるだけあげるようにし，対話文の該当する箇所を入れ替えたりして，練習問題を行う際に役立てていただけるようにしてあるのは『ディアロゴス　ベーシック・コース』と同様です。また，付属の動詞活用表や語彙集もご活用ください。

　これに加え，『ディアロゴス　ネクスト・ステージ』では，中級レベル向けということを考慮し，スペイン語の地域的差異もある程度取り入れるようにしました。スペインだけではなく，メキシコなど，ラテンアメリカの国々で使われる表現や語彙，あるいは，文化的内容も扱われています。多くの人がコミュニケーションし，さまざまな国や地域で使われているスペイン語という言語の多様性にも触れていただければと考えます。

　本書を使って，みなさんがスペイン語で表現できる内容をよりいっそう広げ，深めていってくださるよう期待しています。

著　　者

Casco histórico (Cáceres, España)

Machu Picchu (Perú)

Playa (Sitges, España)

Ollantaytambo (Perú)

Plaza de Armas
(Cusco, Perú)

Plaza de San Boal
(Salamanca, España)

Voladores de Papantla
(México)

Vista de la ciudad
(Guanajuato, México)

Vista de la ciudad
(Girona, España)

Pueblo (Chinchero, Perú)

Puerta del Sol
(Madrid, España)

Trajineras de Xochimilco (México)

Alfabeto y pronunciación 文字と発音

文字と発音) スペイン語のアルファベットは，27文字あります。英語と同じ文字のほか，Ñ ñ という文字が使われます。

A a [á]	B b [bé]	C c [θé / sé]	D d [dé]	E e [é]	F f [éfe]	G g [xé]
H h [átʃe]	I i [í]	J j [xóta]	K k [ká]	L l [éle]	M m [éme]	N n [éne]
Ñ ñ [éɲe]	O o [ó]	P p [pé]	Q q [kú]	R r [ére]	S s [ése]	T t [té]
U u [ú]	V v [úße]	W w [úße ðóßle]	X x [ékis]	Y y [jé]	Z z [θéta / séta]	

▶ Y y は以前は [í vɾjéva] と読まれ，今でもこうした読み方が聞かれる場合もある。

発音とつづりの読み方) 多くの場合，ローマ字読みです。
大きく異なる音については，以下で説明します。

母音) スペイン語の母音は，a, e, i, o, u の5つです。このうち，u 以外はだいたい日本語と同じように発音すればよいのですが，a は口を大きく開けるように，i は口を横に引くようにしてはっきり発音するとさらによくなります。u は唇を丸めてとがらせるようにして発音します。

二重母音) スペイン語の5つの母音は，a, e, o の強母音，i, u の弱母音の2つのグループに分けられます。そして，「強弱」「弱強」「弱弱」の組み合わせを「二重母音」と呼びます。「強強」の組み合わせ(ea など) は二重母音にはなりません。
    (例) 強弱　ai, au, ei, eu, oi
          弱強　ia, ua, ie, ue, io, uo
          弱弱　iu, ui
二重母音は母音1つ分として扱われます。

三重母音) uai, uei, iai, iei は三重母音と呼ばれ，これも母音1つ分として扱われます。

アクセント) スペイン語のアクセントは以下の規則に従います。
① 母音および n, s で終わる語は後ろから2つめの母音にアクセントがあります。
    (例) casa　escuela　horario　joven　lunes
② n, s 以外の子音で終わる語は一番後ろの母音にアクセントがあります。
    (例) papel　profesor　actriz
③ ①，②以外の場所にアクセントのある語は，アクセントのある位置にアクセント記号をつけます。
    (例) café　estación　lámpara　médico

子音

b / v スペイン語では，b と v は同じ音になります。

    [b]   **b**anco **b**eca **b**icicleta **b**oca **b**uzón

          vaca **v**ega **v**ino   **v**oz **v**ulgar

c   [k]   a, o, u や子音の前で **c**ara **c**oma **c**una a**c**to

    [θ / s] e, i の前で **c**ena **c**ima

    [tʃ]   ch の組み合わせで **Ch**ina   no**ch**e

d   [d]   **d**ama **d**écimo **d**ía **d**ónde **d**ucha

          語末ではほとんど聞こえないくらい弱い音になります。ciuda**d** universida**d**

f   [f]   **f**ama **f**eria **f**ino   **f**oto **f**uga

g   [g]   a, o, u や子音の前で **g**ato **g**oma **g**usto si**g**no

          gue, gui のつづりはそれぞれ [ge], [gi] と発音されます。**gue**rra **gui**tarra

    [x]   e, i の前で   **g**ente **g**iro

    [gw]   güe, güi のつづりはそれぞれ [gwe], [gwi] と発音されます。

          bilin**güe**   lin**güí**stica

h   無音で，書いてあっても発音されません。**h**ada **h**elado **h**ilo **h**ombre **h**umo

j   [x]   **J**apón **j**efe **j**oven **j**irafa **j**unto

k   外来語に使われる文字です。

    [k]   **k**araoke **k**ilo **k**oala

l   [l]   **l**ago **l**eón **l**imón   **l**ocal **l**una

    [j] / [ʎ] ll の組み合わせで「ジャ」または「ヤ」のような音になります。

          llano **ll**eno a**ll**í **ll**orar **ll**uvia

m   [m]   **m**ano **m**enos **m**inuto **m**ono **m**ucho

n   [n]   **n**ada **n**egro **n**ido **n**ota **n**úmero

p   [p]   **p**an **p**ena **p**ista **p**oco **p**uro

q   que [ke] または qui [ki] の組み合わせでしか用いられません。**que**so **Qui**to

r   [ɾ]   語中で pe**r**a ai**r**e pe**r**o na**r**iz Pe**r**ú

    [r]   語頭で，あるいは語中で rr とつづられるといわゆる「巻き舌」の音になります。

          raro **r**ey **r**ico **r**osa **r**uta tie**rr**a

s   [s]   **s**ano **s**eco **s**itio **s**ol **s**uma

t   [t]   **t**alla **t**é **t**into **t**ono **t**una

w   外来語に使われる文字です。

    [(g)w] **w**hisky   [b] **w**áter

x   [(k)s] e**x**amen bo**x**eo e**x**ótico é**x**ito e**x**plicar

          子音の前では多くの場合 [s] と発音されます。

    [x]   Mé**x**ico me**x**icano

y   [j]   **y**a **y**ema **y**o a**y**uda

    [i]   単独で，あるいは語末に来た場合 **y** mu**y**

z   [θ / s] **z**apato **z**umo **z**ona

¿Qué ha dicho?
何とおっしゃいましたか？

Más despacio, por favor.
ゆっくり言ってください。

Otra vez, por favor.
もう一度言ってください。

cuaderno
ノート

pegamento
のり

tijeras
はさみ

libro de texto
教科書

regla
定規

estuche
ペンケース

No comprendo.
（言っていることが）わかりません。

No lo sé.
（どう答えていいか）わかりません。

¿Cómo se escribe?
それはどのように書きますか？

bolígrafo
ボールペン

lápiz
えんぴつ

goma
消しゴム

¿Cómo se dice ... en español?
スペイン語で…は何と言いますか？

¿Cómo se dice ... en japonés?
日本語で…は何と言いますか？

silla
いす

mesa
机

GALICIA

NAVARRA

CATALUÑA

España

MADRID

VALENCIA

ISLAS BALEARES

CASTILLA LA MANCHA

ANDALUCÍA

ISLAS CANARIAS

MÉXICO

CUBA

PERÚ

CHILE

Hispanoamérica

ARGENTINA

※ Hispanoamérica（イスパノアメリカ）とは、スペイン語を使用するアメリカ大陸の国々を指します。

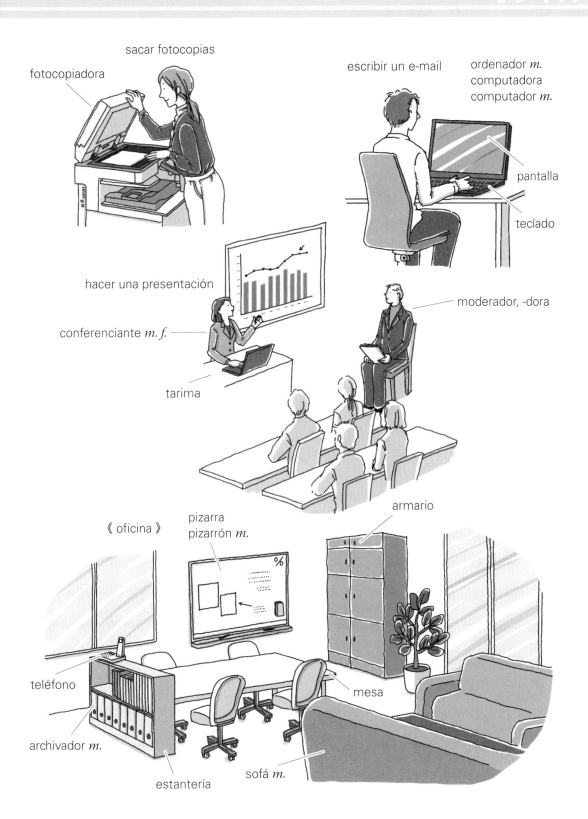

sacar fotocopias

fotocopiadora

escribir un e-mail

ordenador *m.*
computadora
computador *m.*

pantalla

teclado

hacer una presentación

moderador, -dora

conferenciante *m. f.*

tarima

《 oficina 》

pizarra
pizarrón *m.*

armario

teléfono

mesa

archivador *m.*

estantería

sofá *m.*

1 ¿Qué estás haciendo? 何をしているんですか？

informe *m.*
　　レポート，報告書

現在分詞
-ar　　→　-ando
-er / -ir　→　-iendo

 DIÁLOGO 1 M : María　J : Javier

M : Oye, Javier, ¿qué estás haciendo?
J : Estoy escribiendo un informe.

Ejercicio 1 Usa el DIÁLOGO 1 como modelo y practica utilizando las siguientes expresiones.
次の表現を用いて，上のような対話をしよう。

fotocopia　コピー
sacar fotocopias
　　　　コピーする
documento　書類
archivar
　　ファイルに綴じる
preparar　準備する
presentación *f.*
　　プレゼンテーション
dato　データ
hoja de cálculo
　　表計算ソフト

sacar fotocopias

archivar los documentos

preparar una presentación

meter los datos
en la hoja de cálculo

2 Mañana le enviaré los documentos por correo postal.
明日彼に書類を郵送します。

¿Para cuándo...?
　　　　いつまでに
enviar por correo
　postal　郵送する
cliente *m. f.*
　　クライアント，顧客

necesitar（未来）
　　　（規則動詞）

necesitar**é**	necesitar**emos**
necesitar**ás**	necesitar**éis**
necesitar**á**	necesitar**án**

 DIÁLOGO 2 M : Marco　R : Rosa

M : ¿Para cuándo necesitarás el informe?
R : Para mañana. Mañana le enviaré los documentos por correo postal al cliente.

Ejercicio 2 Pregunta a tu compañero/ra para cuándo necesita el trabajo, utilizando las expresiones del Ejercicio 1.
Ejercicio 1 の語彙を用いて，いつまでにその作業が必要なのか，尋ねてみよう。

dentro de　〜後

> pasado mañana　明後日　　el próximo viernes　次の金曜日
> la próxima semana　来週　dentro de dos semanas　2週間後
> el próximo mes　来月

fotocopiar
　　　　コピーを取る
factura　請求書
darse prisa　急ぐ
entregar　提出する
compañero, -ra de
　trabajo　同僚
pago　支払い
consultar　相談する
tardar　時間がかかる
pasado mañana
　　　　　　明後日
correo electrónico
　　　　　電子メール

Aplicación 1　Escucha los diálogos. Si las frases siguientes son correctas, marca la casilla V. Si no, marca la casilla F.
これから対話を聞きます。次の各文が正しければ V，間違っていれば F にチェックマーク（✓）を書き入れよう。

06

		V	F
Diálogo 1	Carlos está fotocopiando los documentos. Carlos は書類のコピーを取っている。	☐	☐
Diálogo 2	La señorita entregará la presentación la próxima semana. 女性は来週プレゼンテーションを提出するつもりである。	☐	☐
Diálogo 3	① Los compañeros de trabajo están hablando de un e-mail. 同僚たちはメールについて話している。	☐	☐
	② El señor entiende muy bien el mensaje. 男性はメッセージをよく理解している。	☐	☐
Diálogo 4	① Tienen que entregar el documento para pasado mañana. 書類は明後日までに提出しなければならない。	☐	☐
	② La señorita enviará el documento por correo postal. 女性は書類を郵送するつもりである。	☐	☐

3　Juan vendrá aquí pasado mañana.

フアンは明後日ここに来ます。

reunión *f.*　会議

venir(未来) 　　　(不規則動詞)	
vendré	vendremos
vendrás	vendréis
vendrá	vendrán

tener(未来) 　　　(不規則動詞)	
tendré	tendremos
tendrás	tendréis
tendrá	tendrán

DIÁLOGO 3　J : Jorge　T : Teresa

07

J : Teresa, ¿cuándo vendrá Juan?
T : Él vendrá aquí pasado mañana. Tendremos una reunión importante.

Ejercicio 3 　Usa el DIÁLOGO 3 como modelo. Pregunta y responde como el DIÁLOGO 3 a tus compañeros/ras sobre estas personas: ¿cuándo y qué harán?
上の対話にならって，クラスメイトに次の人たちがいつ，何をする予定か尋ねてみよう。また，答えてみよう。

compañía
　　　　会社，企業
aire acondicionado
　　　　　　エアコン
viaje *m.* de negocios
　　　　　　　出張
producto　製品

Elena / visitar la compañía /
el próximo jueves

nosotros / poner el
aire acondicionado /
enseguida

Manuel y Diego / salir
de viaje de negocios /
el próximo mes

yo / hacer la presentación
del producto /
mañana

Sidebar glossary (left column)

sala de conferencias
　　　　　　　　講堂
compra　買収，購入
fábrica　工場

hacer（未来）
　　　　（不規則動詞）
haré　　　haremos
harás　　haréis
hará　　　harán

Aplicación 2　08

Escucha los tres diálogos y completa la siguiente tabla.
これから3つ対話を聞きます。その内容に基づき，次の表の空所に適
切な語を日本語で書き入れよう。

Diálogo 対話	¿Dónde? どこで？	¿Quién? / ¿Quiénes? 誰が？	¿Cuándo? いつ？	¿Qué hará(n)? 何をする？
(1)	sala de conferencias 講堂			
(2)				hablar de la compra de una fábrica 工場の買収について話す
(3)			este fin de semana 今週末	

4　¿Quién será?　誰だろう？

DIÁLOGO 4　09　　M：Marta　F：Francisco

M：¿Una llamada a estas horas?
　　¿Quién será?
F：Será el director.

Ejercicio 4

Usa el DIÁLOGO 4 como modelo y practica utilizando las
siguientes expresiones.
次の表現を用いて，上のような対話をしよう。

Sidebar glossary (left column)

compañero, -ra
　　　　　　　　仲間
abogado, -da
　　　　　　　　弁護士
secretario, -ria　秘書
asesor, -sora　税理士
mensajería　宅配会社

la compañera

el abogado

los clientes

la secretaria

las asesoras

la mensajería

Aplicación 3　10

Escucha los cinco diálogos y elige la respuesta correcta.
これから5つ対話を聞きます。次の各選択肢のうち，正しいほうを選
ぼう。

contabilidad *f.*
　　　　　　経理課
recepción *f.* 受付
mensajero, -ra
　　　　　　宅配業者
paquete *m.* 小包
sonar 鳴る
recibo 領収書

Diálogo 1	La que está llamando por teléfono es la [a) directora b) asesora]. 電話をかけているのは［a) 所長 b) 税理士］である。
Diálogo 2	La persona que está en la recepción es el [a) cliente b) mensajero]. 受付にいるのは［a) 顧客 b) 宅配業者］である。
Diálogo 3	El móvil está [a) en el bolso b) debajo de los documentos]. 携帯電話は［a) ハンドバッグの中 b) 書類の下］にある。
Diálogo 4	El compañero de trabajo saldrá de viaje de negocios [a) la próxima semana b) este fin de semana]. 会社の同僚は［a) 来週 b) 今週末］出張に出る予定だ。
Diálogo 5	La compañía enviará el [a) manual b) recibo]. その会社は［a) 説明書 b) 領収書］を送ってくるだろう。

5　Un e-mail desde la sucursal de Sevilla
セビーリャ支社からのメール

sucursal *f.* 支社
envío 送付
indicar
　　　　示す，指示する
de antemano 前もっ
て，あらかじめ
confianza 信頼
cordial 心からの
responsable *m. f.*
　　　　　　責任者
mercancía 商品

ESCUCHA
11

> Estimado Sr. José Martínez:
>
> Gracias por su mensaje. Estamos preparando el envío tal y como nos ha indicado. Dentro de poco se lo enviaré por mensajería express junto con la factura y le llegará en una semana.
>
> Agradecida de antemano por su confianza en nuestra compañía, le envío un saludo cordial desde Sevilla.
>
> Manuela Díaz
> Responsable de la sección de mercancía
> e-mail: MD_merc@sevilla.pqr.com

※ _（アンダーバー）は
guion bajo, @（アット
マーク）は arroba,
.（ドット）は punto
と読む。

Ejercicio 5
Lee el mensaje y haz preguntas sobre él.
上のメールを読み，その内容に関する疑問文をいくつか作ってみよう。

Ejercicio 6
Escribe un e-mail de negocios que informe del envío de un producto.
上のメールを参考に，品物の発送を知らせる簡単なビジネスメールを書いてみよう。

- -

- -

- -

- -

- -

Gramática 1

1. 現在進行形　estar ＋現在分詞

現在進みつつある出来事を表現する。

Teresa *está hablando* por teléfono.　テレサは電話で話をしているところです。

2. 未来の規則活用

comprar

	単数	複数
1 人称	comprar*é*	comprar*emos*
2 人称	comprar*ás*	comprar*éis*
3 人称	comprar*á*	comprar*án*

※ 未来の活用は，動詞の不定詞の後に活用語尾を付ける。

3. 未来の不規則活用

(1) 動詞の不定詞語尾の母音が落ちるもの

poder (→ podr -)

	単数	複数
1 人称	podr*é*	podr*emos*
2 人称	podr*ás*	podr*éis*
3 人称	podr*á*	podr*án*

※ 同じように活用する動詞の例
　querer (→ querr -)

(2) 動詞の不定詞語尾の母音が落ち，そこに d が入り込むもの

salir (→ saldr -)

	単数	複数
1 人称	saldr*é*	saldr*emos*
2 人称	saldr*ás*	saldr*éis*
3 人称	saldr*á*	saldr*án*

※ 同じように活用する動詞の例
　venir (→ vendr -), tener (→ tendr -)

(3) まったく不規則な活用となるもの

hacer (→ har -)

	単数	複数
1 人称	har*é*	har*emos*
2 人称	har*ás*	har*éis*
3 人称	har*á*	har*án*

decir (→ dir -)

	単数	複数
1 人称	dir*é*	dir*emos*
2 人称	dir*ás*	dir*éis*
3 人称	dir*á*	dir*án*

4. 未来の用法

これから起こると思われる出来事について述べる。

Mi jefe *hará* una presentación este jueves.

私の上司は今週の木曜日にプレゼンテーションをする予定です。

現在のことがらに対する推量を述べる。

¿Dónde *estará* María?　マリアはどこにいるんだろう？

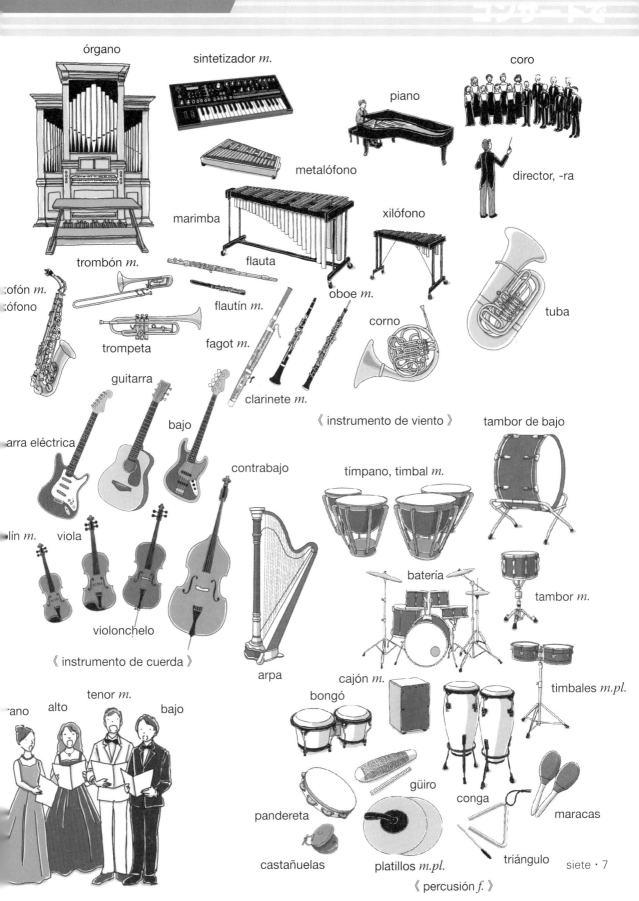

órgano

sintetizador *m.*

piano

coro

director, -ra

metalófono

marimba

xilófono

flauta

trombón *m.*

:ofón *m.*
:ófono

oboe *m.*

tuba

flautín *m.*

corno

trompeta

fagot *m.*

clarinete *m.*

guitarra

bajo

《 instrumento de viento 》

tambor de bajo

arra eléctrica

contrabajo

tímpano, timbal *m.*

lín *m.*

viola

batería

tambor *m.*

violonchelo

《 instrumento de cuerda 》

arpa

cajón *m.*

bongó

timbales *m.pl.*

tenor *m.*

·ano

alto

bajo

güiro

conga

maracas

pandereta

castañuelas

platillos *m.pl.*

triángulo

siete · 7

《 percusión *f.* 》

fenomenal　すばらしい
violín *m.*　バイオリン
increíblemente
　　　信じられないほど

cantar（点過去）
（規則動詞）
cant**é**	cant**amos**
cant**aste**	cant**asteis**
cant**ó**	cant**aron**

tocar（点過去）
（綴りかえの起こる動詞）
to**qué**	toc**amos**
toc**aste**	toc**asteis**
toc**ó**	toc**aron**

※赤字部分は [k] の音を
　保つために，-cé では
　なく，-qué と綴りを
　変える。

aplaudir（点過去）
（規則動詞）
aplaud**í**	aplaud**imos**
aplaud**iste**	aplaud**isteis**
aplaud**ió**	aplaud**ieron**

pianista *m. f.*
　　　ピアニスト（-ista で
　　　終わる語は，性変化
　　　しない）
cantante *m. f.*　歌手
ópera　オペラ
estupendamente
　　　　　すばらしく
músico, -ca　音楽家
cuarteto　四重奏
pieza　作品
maravillosamente
　　　　　すばらしく
espectador, -dora
　　　　　　観衆
aplaudir　拍手する
guitarrista *m. f.*
　　　　ギタリスト
entusiasmo　熱心さ

comprar　買う
entrada
　　チケット，入場券
concierto　コンサート
reserva　予約
por Internet
　　　インターネットで
rápido, -da　速い
conveniente　便利

1　El maestro tocó el violín increíblemente bien.

その巨匠は信じられないほどうまくバイオリンを弾きました。

 DIÁLOGO 1　J：José　T：Teresa
12

J：Hola, Teresa, ¿qué tal el concierto
　del otro día?
T：¡Fenomenal! El maestro tocó el violín
　increíblemente bien.

Ejercicio 1 　Usa el DIÁLOGO 1 como modelo y practica utilizando las
siguientes expresiones.
次の表現を用いて，上のような対話をしよう。

la pianista /
tocar el piano /
muy bien

el cantante /
cantar ópera /
estupendamente

los músicos del cuarteto /
interpretar la pieza /
maravillosamente

los espectadores /
aplaudir al guitarrista /
con entusiasmo

2　Hice la reserva por Internet.

私はインターネットで予約しました。

 DIÁLOGO 2　J：José　T：Teresa
13

J：¿Dónde compraste la entrada
　del concierto?
T：Hice la reserva por Internet.
　Es más rápido y conveniente.

Ejercicio 2 　Usa el DIÁLOGO 2 como modelo y practica utilizando las
siguientes expresiones.
次の表現を用いて，上のような対話をしよう。

hacer（点過去）
（不規則動詞）

hice	hicimos
hiciste	hicisteis
hizo	hicieron

partitura　楽譜
vuelo　フライト，便

ir（点過去）
（不規則動詞）

fui	fuimos
fuiste	fuisteis
fue	fueron

querer（点過去）
（不規則動詞）

quise	quisimos
quisiste	quisisteis
quiso	quisieron

el otro día　先日
impresionante
　　　　　　　印象的な
desafortunadamente
　　残念なことに、不運にも
demasiado
　　　　　　あまりにも
popular　人気がある
sala　ホール
más o menos
　　　　　　まあまあ
impresionar
　　　　　　印象づける
interpretación f.
　　　　　　演奏、解釈
agotado, -da
　　　　　　売り切れた
página web
　　　　　　ウェブページ
suficiente　十分な

poder（点過去）
（不規則動詞）

pude	pudimos
pudiste	pudisteis
pudo	pudieron

componer　作曲する

componer（点過去）
（不規則動詞）

compuse	compusimos
compusiste	compusisteis
compuso	compusieron

(1) （質問をする人）cómo / ir / a la sala de concierto
　　（答える人）　　ir / en taxi
(2) （質問をする人）qué partitura / querer comprar / por Internet
　　（答える人）　　querer comprar / una pieza de Falla
(3) （質問をする人）en qué vuelo / venir / los músicos
　　（答える人）　　venir / en el vuelo de Barcelona

Aplicación 1　Escucha los diálogos. Si las siguientes frases son correctas, marca la casilla V. Si no, marca la casilla F.
これから対話を聞きます。次の各文が正しければ V，間違っていれば F にチェックマーク（✓）を書き入れよう。

14

                                                       V　F

Diálogo 1　Jorge fue al concierto con su hermana Natalia.　☐　☐
Jorge は妹の Natalia とコンサートに行った。

Diálogo 2　María no pudo comprar la entrada del concierto.　☐　☐
María はコンサートのチケットを買えなかった。

Diálogo 3　① Teresa y Miguel están hablando de los dos conciertos.　☐　☐
Teresa と Miguel は 2 つのコンサートについて話している。

② A Miguel le gustó más el concierto de violín.　☐　☐
Miguel はバイオリンのコンサートのほうが気に入った。

Diálogo 4　① Rosa compró las entradas del concierto la semana pasada.　☐　☐
Rosa はコンサートのチケットを先週買った。

② Ya no quedan entradas para el concierto.　☐　☐
コンサートのチケットはもうない。

3　Compuso el concierto Joaquín Rodrigo.

ホアキン・ロドリゴがコンチェルトを作曲しました。

DIÁLOGO 3　A : Alumno　P : Profesora

15

A : Profesora, ¿quién compuso el concierto de Aranjuez?
P : Lo compuso Joaquín Rodrigo.

Ejercicio 3　　Usa el DIÁLOGO 3 como modelo y responde a tus compañeros/ras quién y qué hizo.
上の対話にならって，クラスメイトに誰が何をしたか尋ねてみよう。また，答えてみよう。

componer *Recuerdos de la Alhambra* /
Francisco Tárrega

tocar *Cielito Lindo* /
mis amigos

interpretar la pieza de tango /
un músico japonés

hacer ese violín /
Stradivarius

tango　タンゴ
pieza　作品

a finales de
　　　～の終わりごろ
balada　バラード
talento　才能
título　題名，タイトル
ritmo　リズム
salsa　サルサ
orquesta
　　オーケストラ，楽団
por casualidad　偶然

poner(点過去)
　　　　　(不規則動詞)
puse	pusimos
pusiste	pusisteis
puso	pusieron

 **Aplicación 2**

16

Escucha los tres diálogos y completa la siguiente tabla.
これから３つ対話を聞きます。その内容に基づき，次の表の空所に適
切な語を日本語で書き入れよう。

Diálogo 対話	¿Cómo se llama la pieza? 作品名？	¿Quién? 誰が？	¿Cuándo? いつ？	¿Qué hizo? 何をした？
(1)	*Danza Española nº. 5* 『スペイン舞曲集 第 5 番』			
(2)		Luis, un amigo de Sergio Sergio の友人の Luis		
(3)			este fin de semana 今週末	

traducir　翻訳する
explicación *f.*
　　　　説明，解説

traducir(点過去)
　　　　　(不規則動詞)
traduje	tradujimos
tradujiste	tradujisteis
tradujo	tradujeron

4　Mi profesor tradujo las explicaciones al español.
私の先生が解説をスペイン語に訳しました。

 DIÁLOGO 4　L：Lucía　P：Pablo

17

L : Mira, un nuevo disco de música
japonesa. Mi profesor tradujo
las explicaciones al español.
P : ¿De verdad? ¿Puedo verlas?

Ejercicio 4

Usa el DIÁLOGO 4 como modelo. Diles a tus compañeros/ras
quién y qué hizo. Después, pídeles poder verlas.
上の対話にならって，クラスメイトに誰が何をしたか伝えてみよう。また，
それに対し，見せてもらえるように頼んでみよう。

traer　持ってくる

traer(点過去)
　　　　　(不規則動詞)
traje	trajimos
trajiste	trajisteis
trajo	trajeron

decir(点過去)
　　　　　(不規則動詞)
dije	dijimos
dijiste	dijisteis
dijo	dijeron

yo / traducir un
poema al inglés

Carmen y Elena /
traer un libro

mi hermano /
decir una palabra

atasco　渋滞	
pobrecito, -ta	
かわいそうな	
descansar　休憩する	
región *f.*　地方	
cosecha　収穫	
uva　ブドウ	
producir　生産する	
gracias a	
〜のおかげで	
conferencia　講演	
conferenciante *m. f.*	
講演者	
introducir　導入する	
teoría　理論	

Aplicación 3　18

Escucha los tres diálogos. Elige la respuesta correcta.
これから3つ対話を聞きます。次の各選択肢のうち，正しいほうを選ぼう。

Diálogo 1　El señor está cansado porque [a) condujo　b) tradujo] muchas horas.
男性は長い時間 [a) 運転　b) 翻訳] して疲れた。

Diálogo 2　En esta región se [a) consumió　b) produjo] más vino el año pasado que los otros años.
この地域における昨年のワインの [a) 消費量　b) 生産量] は例年より多かった。

Diálogo 3　El conferenciante [a) tradujo　b) introdujo] una nueva teoría.
講演者は新しい理論を [a) 翻訳　b) 導入] した。

5　Una presentación sobre música　音楽の紹介文

ESCUCHA　19

El mundo hispánico tiene gran diversidad y riqueza musical. Si hablamos de música española, por ejemplo, mucha gente pensará en el flamenco, pero hay más variedades regionales como la *jota* en Aragón, la *sardana* en Cataluña, etc. Por otra parte, en Hispanoamérica también hay incontables estilos musicales y ritmos: por ejemplo, el *mariachi* en México, la *cumbia* en Colombia, el *folklore* en los países andinos, el *tango* en la zona rioplatense, entre otros.

mundo hispánico	
スペイン語圏	
diversidad *f.*　多様性	
riqueza　豊かさ	
variedad *f.*　多様性	
regional　地域の	
por otra parte　一方で	
incontable	
数え切れない	
estilo　スタイル	
andino, -na	
アンデス地方の	
rioplatense	
ラプラタ川流域の	
entre otros　など	

Ejercicio 5　
Lee el texto y haz preguntas sobre él.
上の文章を読み，その内容に関する疑問文をいくつか作ってみよう。

Ejercicio 6　
Escribe un breve texto para presentar la música japonesa.
上の文章を参考に，日本の音楽について紹介する簡単な文章を書いてみよう。

Gramática 2

1. 点過去

すでに終わってしまった過去の出来事を表す。

Manuel *compró* una guitarra en esta tienda.

マヌエルはこの店でギターを1本買った。

2. 点過去の規則活用

cantar

	単数	複数
1人称	cant*é*	cant*amos*
2人称	cant*aste*	cant*asteis*
3人称	cant*ó*	cant*aron*

aplaudir

	単数	複数
1人称	aplaud*í*	aplaud*imos*
2人称	aplaud*iste*	aplaud*isteis*
3人称	aplaud*ió*	aplaud*ieron*

※点過去では -er 動詞，-ir 動詞の規則動詞は同じ活用語尾になる。

3. 点過去の不規則活用

(1) すべての人称に対して語幹が不規則になるもの

poner（不規則な語幹　pus-）

	単数	複数
1人称	puse	pusimos
2人称	pusiste	pusisteis
3人称	puso	pusieron

querer（不規則な語幹　quis-）

	単数	複数
1人称	quise	quisimos
2人称	quisiste	quisisteis
3人称	quiso	quisieron

traducir（不規則な語幹　traduj-）

	単数	複数
1人称	traduje	tradujimos
2人称	tradujiste	tradujisteis
3人称	tradujo	tradujeron

(2) ir / ser

	単数	複数
1人称	fui	fuimos
2人称	fuiste	fuisteis
3人称	fue	fueron

※点過去ではこの2つの動詞は同じ活用になる。

boca del metro

tienda de caramelos

panadería

calle y manifestación

charcutería en un mercado

Plaza Mayor de Madrid

algo 何か

periódico 新聞

pedir(点過去)
（不規則動詞：e→i）

ped*í*	ped*imos*
ped*iste*	ped*isteis*
pid*ió*	pid*ieron*

1 Mi padre me pidió comprar el periódico.

父は私に新聞を買ってきてと頼みました。

 DIÁLOGO 1 D : Dependienta　J : Juanito

20

> **D : Hola, Juanito, ¿qué quieres?**
> **¿Te pidió algo tu padre?**
> **J : Sí, mi padre me pidió comprar**
> **el periódico.**

Ejercicio 1 Usa el DIÁLOGO 1 como modelo y practica utilizando las siguientes expresiones.
次の表現を用いて，上のような対話をしよう。

fruta 果物，フルーツ

tintorería
　　　　クリーニング店

paquete *m.* 小包

biblioteca 図書館

comprar fruta

llevar ropa a la tintorería

enviar el paquete

devolver los libros a la biblioteca

2 Mi hijo se cayó por las escaleras.

私の息子は階段から落ちました。

por qué
　　　　なぜ，どうして

ambulancia 救急車

caerse
　　　落下する，転倒する

escalera(s) 階段

 DIÁLOGO 2 C : Clara　J : José

21

> **C : ¿Por qué llamaste a la ambulancia?**
> **J : Porque mi hijo se cayó por las escaleras.**

caerse(点過去)
　　　（不規則動詞）

me ca*í*	nos ca*ímos*
te ca*íste*	os ca*ísteis*
se ca*yó*	se ca*yeron*

→ 動詞活用表(p.75)参照

Ejercicio 2 Usa el DIÁLOGO 2 como modelo y practica utilizando las siguientes expresiones.
次の表現を用いて，上のような対話をしよう。

ventana　窓
marido　夫（＝esposo）
tu　君の
mi　私の
ruido　騒音，物音
novela　小説
todo el día *m.*　一日中
construirse　建設される
※点過去３人称の活用
　　形（se construyó, se
　　construyeron）に注意
iglesia　教会
siglo XV　15世紀
（XV は quince と読む）

conseguir　達成する
resolver　解決する
mujer *f.*　妻（＝esposa）
instrucciones *f. pl.*
　　　　　　　　　説明書

raro, -ra
　　　　奇妙な，変わった
llorar　泣く
elegir　選ぶ
panadería　パン屋
baguette *f.*　バゲット
caramelo
　　　　キャンディー，飴

(1) （質問をする人） por qué / abrir / la ventana / tu marido
　　（答える人）　　 porque / mi marido / oír / un ruido / en la calle
(2) （質問をする人） qué / hacer / Miguel / ayer
　　（答える人）　　 leer / una novela / todo el día
(3) （質問をする人） cuándo / construirse / esta iglesia
　　（答える人）　　 construirse / en el siglo XV

Aplicación 1　22　Escucha los diálogos. Si las frases siguientes son correctas, marca la casilla V. Si no, marca la casilla F.
これから対話を聞きます。次の各文が正しければ V，間違っていれば F にチェックマーク（✓）を書き入れよう。

		V	F
Diálogo 1	La mujer de Carlos leyó las instrucciones. Carlos の妻は説明書を読んだ。	□	□
Diálogo 2	Ricardo no durmió casi nada porque su hijo lloró mucho. Ricardo は子どもが泣いて，ほとんど眠れなかった。	□	□
Diálogo 3	① Juanito va a la panadería a comprar una baguette. Juanito はパン屋にバゲットを買いに行く。	□	□
	② Juanito compró unos caramelos. Juanito はキャンディーを買った。	□	□
Diálogo 4	① La familia de Miguel compró un coche nuevo. Miguel の家族は新しい車を買った。	□	□
	② Miguel eligió el color del coche. Miguel が車の色を選んだ。	□	□

3　Anoche mi marido durmió diez horas.
昨夜，私の夫は 10 時間眠りました。

estar cansado, -da
　　　　　　疲れている

dormir（点過去）
　（不規則動詞：o→u）
dormí　　　dormimos
dormiste　dormisteis
durmió　　durmieron

DIÁLOGO 3　23　A : Antonio　E : Estela

A : Tu marido está cansado, ¿no?
　　¿Cuántas horas durmió?
E : Anoche durmió diez horas.
　　Ya está mucho mejor.

¿Cuántas horas…?
　　　　　　何時間…？

Ejercicio 3　　Pregunta y contesta como el DIÁLOGO 3 a tus compañeros/ras cuántas horas durmieron estas personas.
上の対話にならって，クラスメイトに次の人たちが何時間眠ったか尋ねてみよう。また，答えてみよう。

Elena

tus hijos

Manuel y tú   tú

Aplicación 2
24

Escucha los tres diálogos y completa la siguiente tabla.
これから３つ対話を聞きます。その内容に基づき，次の表の空所に適切な語を日本語で書き入れよう。

Diálogo 対話	¿Dónde? どこで?	¿Quién? / ¿Quiénes? 誰が?	¿Cuándo? いつ?	¿Qué hizo? 何をした?
(1)	en nuestro barrio 私たちの地区			
(2)		El hijo de Manuel Manuel の息子		
(3)			Hace una semana 1週間前	

construir 建設する
despedir 解雇する
hace una semana
　　　　　1週間前
cruel 残酷な

4　Ayer jugué al fútbol con Carlos.

昨日はカルロスとサッカーをしました。

DIÁLOGO 4　A : Andrea　J : Juan
25

A : Ayer trabajé mucho en la cafetería de Jorge. ¿Y tú, qué hiciste?
J : Jugué al fútbol con Carlos.

jugar（直説法点過去）
　（綴りかえのある動詞）

jugu**é**　　jug**amos**
jug**aste**　jug**asteis**
jug**ó**　　jug**aron**

tocar（直説法点過去）
　（綴りかえのある動詞）

toqu**é**　　toc**amos**
toc**aste**　toc**asteis**
toc**ó**　　toc**aron**

tocar 楽器を弾く
piano ピアノ
practicar
　　実践する，する
practicar judo
　　柔道をする

Ejercicio 4

Usa el DIÁLOGO 4 como modelo y practica utilizando las siguientes expresiones.
次の表現を用いて自分がしたことを伝えて，相手が何をしたか尋ねよう。

tocar el piano

jugar al tenis con Antonio

practicar judo

regar 植物に水をやる
buscar 探す
regalo プレゼント
sacar
　　（写真などを）撮る
foto f. 写真
※ -oで終わっているが，
　女性名詞

regar las plantas

buscar un regalo

sacar muchas fotos

Aplicación 3

26

Escucha los cinco diálogos y elige la respuesta correcta.
これから5つ対話を聞きます。次の各選択肢のうち，正しいほうを選ぼう。

Diálogo 1
El que ha venido es [a) un vecino b) un repartidor].
やって来たのは［a）隣人　b）宅配業者］である。

Diálogo 2
El que está llamando por teléfono es [a) un vecino b) un repartidor].
電話をかけて来たのは［a）隣人　b）宅配業者］である。

Diálogo 3
El paquete al final [a) llegó b) no llegó] al destinatario.
宅配荷物は最終的には受取人に［a）届いた　b）届かなかった］。

Diálogo 4
Los hijos de la cliente del bar [a) se acostaron a las diez b) durmieron más de diez horas].
バルの客の子どもたちは［a）10時に寝た　b）10時間以上眠った］。

Diálogo 5
Manuela [a) jugó al tenis b) practicó yoga] el domingo por la tarde.
Manuela は日曜の午後に［a）テニス　b）ヨガ］をした。

vecino, -na　隣人
repartidor, -dora
　　　　　宅配業者
error *m.*　誤り
indemnización *f.*
　　　　　賠償
disfrutar　楽しむ
yoga　ヨガ

5　El bar, punto de encuentro entre los vecinos
バル，近所の人たちの出会いの場

ESCUCHA

27

Hay innumerables bares en España. Además de servir comidas y bebidas, los bares también son un lugar de encuentro y de conversación agradable para los vecinos del barrio. Los bares tienen una larga historia y, en la actualidad, algunos bares tienen su origen en el siglo XIX e incluso en el XVII. Sin embargo, en 2020 cayó drásticamente el número de clientes debido a la pandemia de COVID-19 y tuvieron que cerrar miles de bares. A pesar de la dura situación económica, muchos dueños siguieron con sus negocios.

innumerable
　無数の，数えきれない
además de〜
　　　〜に加えて
servir
　（食事などを）提供する
encuentro　出会い
conversación *f.*　会話
agradable
　　　快適な，心地よい
barrio　地区
actualidad *f.*
　　　　　現在，現代
en la actualidad
　　　　　現代では
origen *m.*　起源
incluso　〜でさえ
sin embargo
　　　しかしながら
drásticamente
　　　　　劇的に
pandemia　パンデミック，世界的な流行病
a pesar de
　　　〜にもかかわらず
duro, -ra　厳しい
situación *f.*　状況
económico, -ca
　　　　　経済の
dueño, -ña
　　　主人，オーナー
tienda de conveniencia
　　　　　コンビニ

Ejercicio 5
Lee el texto y haz preguntas sobre él.
上の文を読み，その内容に関する疑問文をいくつか作ってみよう。

Ejercicio 6
Usa el texto de arriba como modelo y escribe uno sobre las tiendas de conveniencia de Japón.
上の文を参考に，日本のコンビニについて紹介する簡単な文を書いてみよう。

Gramática 3

1. Me pidió.「（彼・彼女・あなたは）頼んだ」点過去：3人称が不規則な動詞①

	単数	複数
1人称	pedí	pedimos
2人称	pediste	pedisteis
3人称	pidió	pidieron

La profesora me *pidió* borrar la pizarra.

先生は私に黒板を消すように頼んだ。

pedir の点過去活用
→ 3人称活用が不規則（e → i）pidió, pidieron 同様のものに seguir, sentir などがある。

※ pedir ＋ a 人＋ que 接続法→ Lección 12

Lección 12 の〈decir ＋ que 接続法〉は「〜するように言う」だが，どちらも依頼・命令の表現なので考え方は同じ。

El profesor **nos** *pidió* que **escribiéramos** un informe.

先生は私たちにレポートを書くように求めた。

El profesor **nos** *dijo* que **escribiéramos** un informe.

先生は私たちにレポートを書くように言った。

2. Se cayó.「（彼・彼女・あなたは）倒れた，落ちた」点過去：3人称が不規則な動詞②

	単数	複数
1人称	me caí	nos caímos
2人称	te caíste	os caísteis
3人称	se cayó	se cayeron

El mono *se cayó* del árbol.

猿が木から落ちた。

caerse：再帰代名詞 se →『ディアロゴス ベーシック・コース』Lección 9

caer の点過去活用→3人称が不規則

cayó, cayeron

同様のものに construir, leer, oír などがある。（不定詞が母音＋ er ／母音＋ ir で終わる動詞）

3. Durmió mucho.「（彼・彼女・あなたは）よく眠った」点過去：3人称が不規則な動詞③

	単数	複数
1人称	dormí	dormimos
2人称	dormiste	dormisteis
3人称	durmió	durmieron

Anoche no dormí casi nada pero mi esposa *durmió* mucho.

昨夜私はほとんど眠れなかったが，私の妻はよく眠った。

dormir 点過去活用→3人称が不規則（o → u）

durmió, durmieron

同様のものに morir がある。

4. Jugué al tenis.「私はテニスをした」点過去：綴りかえの起こる動詞

	単数	複数
1人称	jugué	jugamos
2人称	jugaste	jugasteis
3人称	jugó	jugaron

El sábado *toqué* la guitarra y el domingo *jugué* al tenis.

私は，土曜日はギターを弾いて，日曜日はテニスをした。

-gar で終わる動詞→1人称単数の綴りが -gué に

-car で終わる動詞→1人称単数の綴りが -qué に

edificio antiguo de la estación de autobuses

juguetería

vendedor de castañas

trenes antiguos del metro de Madrid

coches antiguos

tren infantil

1　Cuando era niña, vivía en un pueblo pequeño.

私は子どものころ，小さな村に住んでいました。

siempre　いつも，常に
pueblo　村，町

ser（線過去）
（不規則規則動詞）

era	éramos
eras	erais
era	eran

vivir（線過去）
（規則動詞）

viv*ía*	viv*íamos*
viv*ías*	viv*íais*
viv*ía*	viv*ían*

cantar　歌う
coro　コーラス
banda　バンド
gato　猫

 DIÁLOGO 1　L：Luis　N：Nieves

28

> **L : ¿Siempre has vivido en Tokio desde que eras niña?**
> **N : No. Cuando era niña, vivía en un pueblo pequeño.**

Ejercicio 1 　Usa el DIÁLOGO 1 como modelo y practica utilizando las siguientes expresiones.
次の表現を用いて，上のような対話をしよう。

trabajar / en este restaurante /
joven / en un bar

cantar / en este grupo de coro /
estudiante / en una banda de rock

tocar la guitarra /
niño / tocar el piano/

viajar / con tu perro /
pequeña / con mi gato

2　Cuando visité a mi abuelo, él trabajaba en el taller.

祖父を訪ねたとき，工房で働いているところでした。

abuelo
　祖父（**abuela** 祖母）
el domingo pasado
　　　　　　先週の日曜日
visitar　訪れる，
　（**a** ～：人を）訪ねる
taller *m.*
作業場，工房，アトリエ

trabajar（線過去）
（規則動詞）

trabaj*aba*	trabaj*ábamos*
trabaj*abas*	trabaj*abais*
trabaj*aba*	trabaj*aban*

anoche　昨夜
llover　雨が降る
el fin *m.* **de semana**
　pasado　　　先週末
novio, -via　恋人

 DIÁLOGO 2　G：Gabriela　A：Augusto

29

> **G : Visitaste a tu abuelo el domingo pasado, ¿verdad?**
> **A : Sí. Cuando visité a mi abuelo, él trabajaba en el taller.**

Ejercicio 2 　Usa el DIÁLOGO 2 como modelo y practica utilizando las siguientes expresiones.
次の表現を用いて，上のような対話をしよう。

> (1)（質問をする人）llegar (ustedes) / a Osaka / anoche
> 　　（答える人）　　llegar (nosotros) a Osaka / llover mucho
> (2)（質問をする人）visitar (tú) Kioto / el fin de semana pasado
> 　　（答える人）　　visitar (yo) Kioto / hacer mucho calor
> (3)（質問をする人）ver (vosotros) a Elena / ayer
> 　　（答える人）　　ver (nosotros) a Elena / estar con su novio

empezar a 不定詞
　　　　　〜し始める

poder（点過去）
　　　　　（不規則動詞）
pude	pudimos
pudiste	pudisteis
pudo	pudieron

entrada　入場券
concierto　コンサート
página web　（→ p.9）
patinaje *m.* sobre
　ruedas　ローラースケート
cocinero, -ra
　　　　　料理人，コック

de mayor
　　　　　大人になったとき
colegio　学校
activo, -va　活発な
encantador, -dora
　　　　　魅力的な

al día　1日に
normalmente
　　　　　通常は，普段は

tocar la guitarra
　　　　　ギターを弾く
estudio　スタジオ

Aplicación1
30

Escucha los diálogos. Si las siguientes frases son correctas, marca la casilla V. Si no, marca la casilla F.
これから対話を聞きます。次の各文が正しければ V，間違っていれば F にチェックマーク（✓）を書き入れよう。

　　　　　　　　　　　　　　　　　　　　　　　　　　　　V　F

Diálogo 1　Jorge estaba en la casa de su abuelo cuando empezó a llover.　□　□
　　　　　Jorge は雨が降り始めたとき，祖父の家にいた。

Diálogo 2　María no pudo comprar la entrada del concierto.　□　□
　　　　　María はコンサートのチケットを買えなかった。

Diálogo 3　① Al chico le gustaba ver vídeos cuando era niño.　□　□
　　　　　男性は子どものころ，ビデオ（動画）を見るのが好きだった。
　　　　　② A Teresa le gustaba el patinaje sobre ruedas.　□　□
　　　　　Teresa はローラースケートが好きだった。

Diálogo 4　① La profesora de Rosa era muy activa.　□　□
　　　　　Rosa の先生は，とても活発だった。
　　　　　② Cuando Fernando era pequeño quería ser cocinero.　□　□
　　　　　Fernando は子どものころ，大きくなったら料理人になりたかった。

3　Normalmente él trabajaba ocho horas al día.
普段は彼は1日8時間働いていました。

DIÁLOGO 3　G：Gabriela　A：Augusto
31

G : Tu abuelo trabajaba mucho cuando era joven, ¿no? ¿Cuántas horas trabajaba al día?

A : Normalmente trabajaba ocho horas al día, pero un día tuvo un trabajo muy complicado y estuvo diez horas en el taller.

Ejercicio 3

Usa el DIÁLOGO 3 como modelo. Pregunta y responde a tus compañeros/ras sobre las siguientes personas cuántas horas solían hacer la acción cuando eran jóvenes y cuántas horas estuvieron en el lugar un día haciendo esa acción.
上の対話にならって，次の人たちが若かったころ，何時間その行為をしていたのかクラスメイトに尋ねてみよう。尋ねられた人は，普段何時間それをしていて，その日は何時間その行為をする場所にいたかを答えてみよう。

Francisco /
tocar la guitarra /
el estudio

tres horas / cinco horas

tus hijos /
estudiar /
la biblioteca

dos horas / una hora

estadio
　　スタジアム，競技場
dojo　道場

Jorge y Antonio /
jugar al fútbol /
el estadio

vuestros hijos /
practicar judo /
el dojo

una hora y media / dos horas

dos horas / cuatro horas

Aplicación 2

32

Escucha los tres diálogos y completa la siguiente tabla.
これから３つ対話を聞きます。その内容に基づき，次の表の空所に適
切な語を日本語で書き入れよう。

Diálogo 対話	¿Dónde? どこで？	¿Quién? 誰が？	¿Cuándo? いつ？	¿Qué hizo? 何をした？
(1)				conoció a su esposo 夫と知り合った
(2)		Natalia ナタリアが		
(3)		la hermana de Pedro ペドロの姉が		

recordar
　　思い出す，覚えている
simpático, -ca
　　　　感じのよい
morir　死ぬ

4　Mi abuela era muy simpática.
Murió cuando tenía noventa y cuatro años.

私の祖母はとても感じのいい人でした。94 歳で亡くなりました。

DIÁLOGO 4　　M：Mario　S：Sandra

33

M : ¿Recuerdas algo de tu abuela?
S : Sí. Era muy simpática. Murió cuando tenía noventa y
cuatro años.

alegre　陽気な
gracioso, -sa
　　面白い，こっけいな
mudarse　引っ越す
tranquilo, -la
　　穏やかな，静かな
generoso, -sa
　　寛大な，気前のよい
fallecer　亡くなる
estropearse
　　壊れる，だめになる

Ejercicio 4

Usa el DIÁLOGO 4 como modelo y pregunta a tus compa-
ñeros/ras si recuerdan algo de las personas o las cosas.
Después, responde a sus preguntas usando las expresiones
de abajo.
上の対話にならって，クラスメイトに過去の人や物について覚えているか
尋ねてみよう。また，それに対して答えてみよう。

tu mejor amigo del colegio /
muy alegre y gracioso /
mudarse / diez años

el abuelo de Mario /
tranquilo y generoso /
fallecer / setenta y cinco años

tu primera bicicleta /
pequeña pero muy bonita /
estropearse / (yo) cinco años

estaba viendo 線過去進行形：estar の線過去＋ver の現在分詞	

estaba viendo
　線過去進行形：estar
　の線過去＋ver の現在
　分詞
película 映画
región *f.* 地域
exageradamente
　　　　　　過度に
reunión *f.*
　　　会議，ミーティング
formal 形式的な
conclusión *f.* 結論
decisión *f.* 決定
asistir
　　　参加する，出席する
correcto, -ta 正しい
sentido 意味，意義
productivo, -va
　　　生産的な，有益な

contar 語る，話す
periférico, -ca 周辺の
**Educación General
Básica** 一般基礎教育
　（スペインの 1990 年
　以前の教育課程におけ
　る初等教育）
antiguo, -gua 古い
nos escribíamos
　お互いに書きあってい
　た（メモを交換しあっ
　ていた）
nota メモ
a escondidas 隠れて
después de ～の後で
jornada
　（学校や仕事の）1 日
escolar 学校の
quedar
　待ち合わせる約束をす
　る
salón *m.* **recreativo**
　　　　　ゲームセンター
máquina 機械
videojuego
　　　　　テレビゲーム
subir 上る
divertido, -da
　　　面白い，楽しい
llevar 連れていく
caña 生ビール
refresco 清涼飲料水
tapas
　　小皿料理，タパス
gratis 無料の，無料で
salir de compras
　　　買い物に出かける
grandes almacenes
　　　デパート，百貨店

Aplicación 3　34

Escucha los tres diálogos y elige la respuesta correcta.
これから3つ対話を聞きます。次の各選択肢のうち，正しいほうを選ぼう。

Diálogo 1　Juan estaba viendo [a) las noticias　b) una película] en la televisión.
Juan はテレビで［a）ニュース番組　b）映画］を見ていた。

Diálogo 2　En la región donde está el pueblo del hombre [a) llovió poco
b) llovió exageradamente] este verano.
男性の故郷がある地域では今年の夏は雨が［a）ほとんど降らなかった
b）非常に多く降った］。

Diálogo 3　La reunión de ayer [a) no tuvo sentido　b) fue muy
productiva].
昨日の会議は［a）意味がなかった　b）とても有益だった］。

5　Cuando era niño...　子どものころ

ESCUCHA　35

José, el padre de Diego, nos cuenta su infancia.
- Cuando era niño, vivía en un barrio periférico de Madrid. Iba a EGB, Educación General Básica, antiguo sistema educativo. En las clases, siempre nos escribíamos notas entre los amigos a escondidas de los profesores. Después de la jornada escolar, quedábamos con los amigos en los salones recreativos, donde había máquinas de videojuegos. En los parques del barrio, subíamos mucho a los árboles. Era muy divertido. Por las tardes, a veces mi padre me llevaba al bar del barrio. Mi padre tomaba cañas y yo refrescos. En los bares servían tapas gratis. Los sábados por la mañana salíamos de compras. Íbamos al centro de Madrid y me gustaba mucho ir a los grandes almacenes como Galerías Preciados. Por la tarde veía la televisión. Esa fue mi infancia en los años 80.

Ejercicio 5　
Lee el texto y haz preguntas sobre él.
上の文章を読み，その内容に関する疑問文をいくつか作ってみよう。

Ejercicio 6　
Escribe un texto breve sobre tu infancia.
あなたの子どものころのことについて紹介する簡単な文章を書いてみよう。

Gramática 4

1. Comíamos en el restaurante.「私たちはレストランで食事をしていた」

Cuando Elena llegó al hotel, *comíamos* en el restaurante.

エレナがホテルに着いたとき，私たちはレストランで食事をしていた。

Cuando llegué a Nagoya, *hacía* mucho calor.

私が名古屋に着いたとき，とても暑かった。

> 過去のある時点（「着いたとき」）に，継続していた行為（「食べていた」）やそのときの状況（「暑かった」）を描写する。

Cuando era pequeño, *comíamos* en el restaurante de Daniel.

私が小さかったとき，私たちはダニエルのレストランで食事をしたものだ。

> 過去の習慣や繰り返して行っていた行為を表す。

2. Vivía en un pueblo pequeño.「（私・彼・彼女・あなたは）小さな村に住んでいた」

線過去（規則動詞）

> 同じ活用語尾

trabajar

	単数	複数
1人称	trabaj*aba*	trabaj*ábamos*
2人称	trabaj*abas*	trabaj*abais*
3人称	trabaj*aba*	trabaj*aban*

querer

	単数	複数
1人称	quer*ía*	quer*íamos*
2人称	quer*ías*	quer*íais*
3人称	quer*ía*	quer*ían*

vivir

	単数	複数
1人称	viv*ía*	viv*íamos*
2人称	viv*ías*	viv*íais*
3人称	viv*ía*	viv*ían*

・規則活用：不定詞が -er で終わる動詞と -ir で終わる動詞は，同じ活用語尾になる。

・1人称単数と3人称単数は同じ活用形になる。

Trabajaba en una empresa grande.

（私・彼・彼女・あなたは）大きな会社で働いていた。

たいていは文脈で主語が判断できるが，曖昧な場合は，主語を省略しない。

Cuando *era* niño, *estudiaba* mucho. 私は子どものとき，よく勉強していた。

彼・あなたは子どものとき，よく勉強していた。

私が子どものとき，彼・あなたはよく勉強していた。

彼・あなたが子どものとき，私はよく勉強していた。

→ Cuando yo *era* niño, Pedro *estudiaba* mucho.

私が子どものとき，ペドロはよく勉強していた。

3. Cuando éramos pequeños, veíamos ese programa.
「私たちが子どものころ，その番組を見ていた」

線過去（不規則動詞）

ser

	単数	複数
1人称	era	éramos
2人称	eras	erais
3人称	era	eran

ir

	単数	複数
1人称	iba	íbamos
2人称	ibas	ibais
3人称	iba	iban

ver

	単数	複数
1人称	veía	veíamos
2人称	veías	veíais
3人称	veía	veían

線過去の不規則活用はこれら3つだけ。

policía

accidente

bombero

ambulancia

fuego / incendio

operación

1 Cuando llegó la policía, el coche se había marchado.

警察が来たときには，その車はすでにいなくなっていました。

hubo < haber（点過去）

haber（線過去）
　　　　（規則動詞）
había　　habíamos
habías　　habíais
había　　habían

 DIÁLOGO 1　D : Daniel　L : Leticia

36

> D : ¿Hubo un accidente?
> L : Sí, pero cuando llegó la policía,
> 　　el coche se había marchado.

Ejercicio 1 　Usa el DIÁLOGO 1 como modelo y practica utilizando las siguientes expresiones.
次の表現を用いて，上のような対話をしよう。

cuando / llegar / la policía / 　　　cuando / bajar / el conductor /
el conductor / huir 　　　　　　　el gato / escaparse

cuando / el niño / venir corriendo / 　　grabarlo por la calle / y verlo /
alguien / cerrar / la puerta 　　　　　　después en vídeo

huir　逃げる，逃走する
escaparse
　　　逃げる，回避する
grabar　（動画・音声
　　　を）撮影・録音する

2 Me dijeron que ya habían llamado.

もう呼びましたと言いました。

 DIÁLOGO 2　O : Oralia　R : Rubén

37

> O : ¿¡Hubo un fuego!? ¿Por qué no llamaste
> 　　a los bomberos?
> R : Me dijeron que ya habían llamado.

fuego　火，火事
bombero　消防士

Ejercicio 2 　Usa el DIÁLOGO 2 como modelo y practica utilizando las siguientes expresiones.
次の表現を用いて，上のような対話をしよう。

herido, -da
　　怪我をした
persona herida
　　　　怪我人
ambulancia　救急車
arrestar　逮捕する
ser arrestado, -da
　　　　逮捕された

(1) A : ¡haber / una persona herida! ¿por qué no / llamar / a la ambulancia?
　　B : decir / que / ya / llamar
(2) A : ¡no / estar / el conductor! ¿huir?
　　B : avisarme / que / ya / ser arrestado
(3) A : ¿por qué / ocurrir / el accidente?
　　B : el conductor / contar / que / beber mucho / antes de conducir

Aplicación 1

38

Escucha los diálogos. Si las siguientes frases son correctas, marca la casilla V. Si no, marca la casilla F.
これから対話を聞きます。次の各文が正しければ V，間違っていれば F にチェックマーク（✓）を書き入れよう。

	V	F

sangrar　出血する
codo　ひじ
hoyo　穴
delincuente *m. f.*
　　　　犯罪者
incidente *m.*　事件
parecido, -da　同様の
extintor *m.*　消火器
incendio　出火．ぼや
apagar　消す
estufa　コンロ
ropa　衣服

Diálogo 1　La señora vio la cara del ladrón.　□　□
　　　婦人は泥棒の顔を見た。

Diálogo 2　Natalia se cayó porque no había visto el hoyo.　□　□
　　　Natalia は穴を見ておらず転んだ。

Diálogo 3　① El delincuente dijo que lo había hecho varias veces.　□　□
　　　犯罪者は何度も繰り返しやったと言った。
　　　② Antes de ser arrestado, habían ocurrido muchos incidentes parecidos.　□　□
　　　彼が捕まる前に，同様の事件が何度も起きた。

Diálogo 4　① Cuando llegaron los bomberos, todavía estaba el incendio.　□　□
　　　消防士が着いたとき，火は残っていた。
　　　② La abuela no había apagado la estufa y fue a lavar la ropa.　□　□
　　　祖母はコンロを消さずに，洗濯をしに行った。

3　Habrá llegado al hospital dentro de quince minutos.

15分後には病院に着いているでしょう。

dentro de +（時間）
　　　（時間）後に

haber（未来）	
（不規則動詞）	
habré	habremos
habrás	habréis
habrá	habrán

DIÁLOGO 3　D : Doctor　E : Enfermera

39

D : ¿En cuánto tiempo habrá llegado la ambulancia?
E : Habrá llegado al hospital dentro de quince minutos.

Ejercicio 3

Usa el DIÁLOGO 3 como modelo. Pregunta y responde a tus compañeros/ras quién y en cuánto tiempo llegará.
上の対話にならって，クラスメイトに誰がどのくらいで着くか尋ねてみよう。また答えてみよう。

enseguida　すぐに
anestesiólogo, -ga
anestesista *m. f.*
　　　　麻酔技師

los enfermeros
(enseguida)

el anestesiólogo
(5 minutos)

paciente *m. f.* 患者

el doctor
（10 minutos）

la familia del paciente
（30 minutos）

¿Quién habla? （電話
で）どちらさまですか？
※スペインでは ¿De
parte de quién? と
言う。
¿Qué le pasa? 彼に
何かあったのですか？
golpearse la cabeza
頭を打つ
limpio, -pia 清潔な
toalla タオル
cepillo de dientes
歯ブラシ
necesidad *f.* 必要性
Ay, ay. あら，まあ。

 Aplicación 2
40

Escucha el diálogo y completa la siguiente tabla.
対話を聞いて，その内容に基づき，次の表の空所に適切な語を日本語
で書き入れよう。

Pregunta 質問	¿Quién? 誰が？	¿En cuánto tiempo habrá llegado? どのくらいで着いているだろうか？	¿Transporte? 交通手段は？
(1)			
(2)			
(3)			

4 La operación habrá terminado para las cinco de la tarde.
手術は5時までには終わっているでしょう。

 DIÁLOGO 4   M：Madre   E：Enfermero
41

M：¿Cuánto tiempo necesitará para
operar a mi hijo?
E：La operación habrá terminado para
las cinco de la tarde.

Ejercicio 4

Usa el DIÁLOGO 4 como modelo. Pregunta y responde a tus
compañeros/ras quién, qué hará y para cuándo.
上の対話にならって，クラスメイトに誰（何）がいつまでにどうなるか聞
いてみよう。また、答えよう。

recuperarse
治る，回復する

- para arrestar al
delincuente
- el delincuente /
ser arrestado /
dentro de 2 días

- para apagar el fuego
- el fuego / apagarse /
dentro de 1 hora

- para volver a correr
- recuperarme /
para octubre

 Aplicación 3
42

Escucha los diálogos y elige la respuesta correcta.
これから対話を聞きます。次の各選択肢のうち，正しいほうを選ぼう。

Cúidate. 気を付けてね。 ponerse el cinturón ベルトをする conducir 運転する No te preocupes. 心配しないで。 llevar +（期間）sin ～ ～なしに（期間）が過ぎる aún まだ intersección *f.* 交差点 víctima *f.* 被害者 quirófano 手術室 paramédico, -ca 救急隊員 encargar a +（人） （人）に任せる situación （→ p.17） número nacional de emergencias 緊急通報番号 cualquier(a) あらゆる crimen *m.* 犯罪 enfermedad *f.* 病気 repentino, -na 急な，突然の anotar メモをする embajada 大使館 hospitalización *f.* 入院 estancia 滞在期間 planear 計画する enfermarse 病気になる costo médico 医療費 elevado, -da 高額の por eso だから Es recomendable + 不定詞 ～するのが推奨される contratar 契約する seguro médico 医療保険 negociación *f.* 交渉 No olvide apuntar. メモするのを忘れないでください。	**Diálogo 1** Juanito [a) llevará un año sin ningún accidente b) acaba de tener un accidente] el domingo. Juanito は日曜日に［a）1 年間無事故となる b）事故を起こしたばかりだ］。 **Diálogo 2** Si nadie hace nada, habrán ocurrido [a) tres accidentes b) más de cinco accidentes] este mes. 何も対策しなければ，あの交差点では今月［a）3 回 b）5 回を超える］事故が起こったことになるだろう。 **Diálogo 3** ① El médico dice que habrá preparado el quirófano en [a) 5 minutos b) 7 minutos]. 医者は，手術室は［a）5 分 b）7 分］で準備できるだろうと言っている。 ② Según el paramédico, la víctima del incendio se cayó al escaparse y [a) se golpeó la cabeza b) se rompió el cuello]. 救急隊員によれば，火事の被害者は逃げるときに転んで［a）頭を打った b）首が折れた］。

5 En caso de emergencia 非常時には

 ESCUCHA
43

En caso de emergencia, hay que llamar a la policía, a la ambulancia o a los bomberos, dependerá de la situación. En algunos países, existe un número nacional de emergencias. Se puede usar en cualquier momento cuando se tiene una emergencia tal como un crimen, un accidente, una enfemedad repentina o un incendio. Antes de viajar a algún país extranjero, es mejor anotar sus números de emergencia. También el número de la embajada. En caso de hospitalización, la estancia puede ser más larga de lo planeado. Si se enferma en el extranjero, el costo médico puede ser muy elevado. Por eso, es recomendable contratar un seguro médico. Algunas empresas de seguros tienen servicio de negociación con la policía, el médico, el hospital, o si es necesario, con los abogados. Pero, ¡no olvide apuntar el número de la compañía de seguros!

Ejercicio 5 Lee el texto y busca los números de emergencias de algún país que quieras conocer.
上の文章を読み，自分が行ってみたい国の警察，救急，消防，在外日本大使館の番号を調べてみよう。

Ejercicio 6 Pregunta y responde a tus compañeros/ras sobre el país que quiere conocer y los números de emergencias de ese país.
表を参考にクラスメイトに，行きたい国と，その国の緊急番号をたずねてみよう。また，ネットなどで調べて答えよう。

Países	Número de emergencias
España	112
México	911
Argentina	911
Costa Rica	911

País que quieres conocer	[国名：]
Policía	
Ambulancia	
Bombero	
Embajada	

Gramática 5
Gramática 5

1. 過去完了：haber の線過去形 + 過去分詞　「〜だった」「〜なっていた」

過去のある時点ですでに完了している動作や，過去のある時点まで継続している動作は，過去完了を使って表現する。

Cuando llegué al aeropuerto, ya **había salido** el avión.

空港に着いたとき，飛行機はすでに出発していました。

Antes de ser arrestados, los ladrones **habían robado** en varias joyerías.

逮捕される前に，泥棒たちはいくつもの宝石店で盗みを働いていました。

※受け身：ser + 過去分詞（過去分詞は主語と性数一致）
　arrestar 逮捕する　　ser arrestado(s), -da(s) 逮捕された

2. 間接話法と過去完了

「〜と言った」のように，主節の部分が過去の間接話法では，que 以下の部分が言った時点より前のことがらの場合は，過去完了で表す。

Mi abuela me **dijo** que **había devuelto** ya el carné de conducir.

私の祖母はすでに運転免許証を返納したと言いました。

3. 未来完了：haber の未来形 + 過去分詞　「すでに〜してしまっているだろう」

未来のある時点ですでに完了しているであろうと予想できることは，未来完了を使って表現する。

Me habré puesto en contacto con el abogado antes de hablar con ella.

彼女と話すより前に弁護士と連絡が取れているでしょう。

※ ponerse en contacto con 〜　　〜と連絡を取る

4. 未来の時間を制限する表現

※未来の時間を示す方法として，以下のような表現がある。

hasta + 時間	〜まで	hasta las ocho	8時まで
hasta + 不定詞	〜するまで	hasta llegar al destino	目的地に着くまで
hasta + que + 接続法	…が〜するまで	hasta que llegues	君が着くまで
antes de + 時間	〜前に	antes de las nueve	9時前に
antes de + 不定詞	〜するより前に	antes de viajar	旅行する前に
antes de + que + 接続法	…が〜するより前に	antes de que viajes	君が旅行する前に
dentro de + 時間	〜後に	dentro de dos horas	2時間後に
para + 時間	〜までに	para las diez	10時までに

Fiesta de cumpleaños

誕生日パーティー

ramo de flores

pastel de chocolate

cumpleañero

grabación

mordida

piñata

1　Ana me dijo que vendría cuando me llamó.

アナは私に電話してきたとき，来ると言いました。

 DIÁLOGO 1　O : Oralia　C : Cristóbal
44

> O : ¿Quién vendrá a la fiesta de cumpleaños?
> C : Ana me dijo que vendría cuando me llamó.

Ejercicio 1 　Usa el DIÁLOGO 1 como modelo y practica utilizando las siguientes expresiones.
次の表現を用いて，上のような対話をしよう。

vendrá < venir(未来)

venir(過去未来)
　　　　(不規則動詞)
vendr*ía*	vendr*íamos*
vendr*ías*	vendr*íais*
vendr*ía*	vendr*ían*

poder(過去未来)
　　　　(不規則動詞)
podr*ía*	podr*íamos*
podr*ías*	podr*íais*
podr*ía*	podr*ían*

hacer(過去未来)
　　　　(不規則動詞)
har*ía*	har*íamos*
har*ías*	har*íais*
har*ía*	har*ían*

tocar(過去未来)
　　　　(規則動詞)
tocar*ía*	tocar*íamos*
tocar*ías*	tocar*íais*
tocar*ía*	tocar*ían*

- no venir a la fiesta
- Elsa / decirme / no poder venir

- hacer un pastel para la fiesta
- Julieta / comentarme / hacerlo

- tocar una canción en la fiesta
- Imelda y Héctor / decirme / tocarla

- llegar tarde
- Aurora / avisarme / llegar tarde

2　Serían las siete cuando ella me llamó.

彼女が電話してきたとき，7時だったでしょう。

ser(過去未来)
　　　　(規則動詞)
ser*ía*	ser*íamos*
ser*ías*	ser*íais*
ser*ía*	ser*ían*

 DIÁLOGO 2　O : Oralia　C : Cristóbal
45

> O : ¿Ah, sí? ¿Cuándo te llamó Ana?
> C : Serían las siete cuando ella me llamó.

Ejercicio 2 　Usa el DIÁLOGO 2 como modelo y practica utilizando las siguientes expresiones.
次の表現を用いて，上のような対話をしよう。

(1) A :¿cuándo / decirte / Elsa?
　　B : ser / el lunes / cuando / decírmelo
(2) A : ¿cuánto dinero / costarle / hacer un pastel?
　　B : costarle / unos diez euros.

estar（過去未来）
　　　（規則動詞）

estar*ía*	estar*íamos*
estar*ías*	estar*íais*
estar*ía*	estar*ían*

¡Feliz cumpleaños!
　誕生日おめでとう！
tarta de queso
　　　チーズケーキ
cambiar de opinión
　　　意見を変える
¡Felicidades!
　　　おめでとう！
ilusionado, -da
　　　わくわくした
este…　えっと…

(3) A : ¿cuántas canciones / practicar / ellos?

　　B : practicar / dos o tres.

(4) A : ¿qué / pasarle / a Aurora?

　　B : estar preocupada / por su amiga.

 Aplicación 1

46

Escucha los diálogos. Si las frases siguientes son correctas, marca la casilla V. Si no, marca la casilla F.
これからいくつか対話を聞きます。次の各文が正しければ V，間違っていれば F にチェックマーク（✔）を書き入れよう。

		V	F
Diálogo 1	Julieta trajo un pastel de chocolate.	☐	☐
	Julieta はチョコレートケーキを持ってきた。		
Diálogo 2	Imelda y Héctor tocarán la canción de "Cumpleaños total".	☐	☐
	Imelda と Héctor は "Cumpleaños total" を演奏するつもりだ。		
Diálogo 3	Aurora no llegó antes de la canción.	☐	☐
	Aurora は歌の前に到着しなかった。		
Diálogo 4	Elsa no pudo felicitar al cumpleañero.	☐	☐
	Elsa は，誕生日を迎えた人にお祝いの言葉を伝えられなかった。		

3　Yo que tú, compraría la camisa.

私が君ならそのシャツを買うでしょう。

 DIÁLOGO 3　J : Juan　A : Ana

47

J : Ana, ¿qué le vas a regalar para su cumpleaños?

A : Me gustaría comprarle ropa bonita. Esta camisa o estos pantalones.

J : Yo que tú, compraría la camisa.

me gustaría + 不定詞
　私は～したいのですが
típico, -ca　典型的な，
　　代表的な，特有の
mensaje *m.* de
　felicitación
　　お祝いメッセージ

Ejercicio 3

Usa el DIÁLOGO 3 como modelo y practica utilizando las siguientes expresiones.
上の対話にならって，次の表現を使って対話しよう。

(1) A : ¿Qué / ir a preparar [tú]?

　　B : gustarme / preparar / un pastel. / uno de chocolate / una tarta de queso.

　　A : yo que tú / preparar / una de queso.

(2) A : ¿Qué canción / ir a tocar [vosotros]?

　　B : encantarnos / cantar / algo típico de cumpleaños. / "Cumpleaños total" / "Cumpleaños feliz".

　　A : yo que vosotros / tocar / "Cumpleaños total".

(3) A : ¿Por qué / ir a traer [tú] / una cámara?

　　B : gustarme / tomar fotos de la fiesta.

　　A : yo que tú / traer / una foto con un mensaje de felicitación / de la chica que no puede asistir.

quedar bien a ～
　　　　　～にとって似合う

poner（過去未来）
　　　　　（不規則動詞）
pondr*ía*　　pondr*íamos*
pondr*ías*　　pondr*íais*
pondr*ía*　　pondr*ían*

muñeco　人形
instrumento　楽器
tener buena voz
　　　　　　　声がいい

Escucha los tres diálogos y completa la siguiente tabla.
これから3つ対話を聞きます。その内容に基づき，次の表の空所に適
切な語を日本語で書き入れよう。

Diálogo 対話	¿Quién? 誰が？	¿Si fuera quién? 誰だったら？	¿Qué haría? 何をする？
(1)			
(2)			
(3)			

4　Preferiría regalarle esta corbata que esa.

そのネクタイよりこっちをプレゼントするほうがいいと思うんだけど。

mejor　（<bueno, bien
の比較級）よりよい

DIÁLOGO 4　49　J：Juan　A：Ana

J : Para esa camisa, ¿qué corbata le
　quedará mejor?
A : Preferiría regalarle esta corbata
　que esa.
J : Pues cómprala, yo le regalaré este
　cinturón.

Ejercicio 4　

Usa el DIÁLOGO 4 como modelo y practica utilizando las
siguientes expresiones.
次の表現を使って，上のような対話をしよう。

mermelada
ジャム，マーマレード，
　　　　　　甘いソース
arándano
　　　　　ブルーベリー
fresa　イチゴ
resultar
　　　～という結果になる
mensaje *m.*
　　　　　メッセージ

- una tarta de queso /
mermelada / ir mejor
- hacerla / con la de
arándano / mejor que
con la de fresa
- hacerla / hacerla
con la de fresa
para mí

- esa canción / instrumento /
resultarle mejor
- tocarla / con la guitarra /
mejor que con el piano
- tocarla con la guitarra /
tocarla con el piano

- felicitarlo con un mensaje
con foto / foto / ser mejor
- felicitarlo / con un mensaje
de vídeo /
mejor que con un mensaje
con foto
- grabarlo / llevárselo

desde hace mucho
  tiempo　ずっと前から
ponche *m.* de frutas
　　　フルーツポンチ

A poco, ¿sí?
　　へぇ，そうなんだ？
sabroso, -sa
　　　　　おいしい

piña　パイナップル
uva　ブドウ
manzana　リンゴ
Suena bien.
　　　　よさそうだね。
¡Cómo no!
　　　もちろんだよ！

quiera < querer（接続法）

sea < ser（接続法）

faltar　欠けている
vela　ろうそく
cumpreañero, -ra
　　誕生日を迎える人
soplo　息
mordida　噛みつき
primer bocado
　　　　　一口目
directamente　直接
al mismo tiempo
　　　　　同時に
al lado de 〜　〜の隣
empujar　押す
cubrirse　覆われる
nata　生クリーム
tradicional　伝統的な
divertido, -da　楽しい
piñata　ピニャタ
fiesta de quince años
　15歳記念の誕生日
　　　パーティー
dulce(s) *m.*
　　（主に *pl.*）お菓子
dar golpes
　　　　打撃を与える
mientras　〜する間
palo　棒
hasta que　（→p.30）
grito　叫び
romperse　こわれる
suelo　床，地面
acercarse　近付く
recoger　拾う
los demás
　　　　他の人たち
intentar
　　試す，挑戦する

Aplicación 3
50

Escucha el diálogo y elige la respuesta correcta.
次の対話を聞いて，各選択肢のうち，正しいほうを選ぼう。

Diálogo 1　① Ana dice que serían las [a) 6:45　b) 7:15] cuando llegó.
　　　Ana は着いたとき［a) 6:45　b) 7:15］だっただろうと言っている。
② Ana [a) comía　b) hacía] ponche de frutas con su madre.
　　　Ana はお母さんとフルーツポンチを［a) 食べて　b) 作って］いた。
③ Si Ana fuera su madre, le pondría más [a) piña　b) manzanas].
　　　もし Ana がお母さんだったら［a) パイナップル　b) リンゴ］をもっと使うだろう。
④ Ana preferiría ponerle [a) uvas　b) manzanas].
　　　Ana は［a) ブドウ　b) リンゴ］のほうがいいと思っている。

5　Fiesta de cumpleaños　誕生日パーティー

ESCUCHA
51

En las fiestas en los países de América Latina hay cosas que no pueden
faltar. ¿Qué imaginarías para una fiesta de cumpleaños? No puede faltar
un pastel, ¿verdad? Pero, ¿cuántas velas le vas a poner? En muchos
países, le ponen solo una vela. El cumpleañero apaga el fuego de un
soplo pensando su deseo. Después de apagarlo, los amigos dicen:
"¡Mordida! ¡Mordida!" dando palmadas. El cumpleañero da el primer
bocado, allí mismo, directamente al pastel. Al mismo tiempo el que está
al lado del cumpleañero le empuja la cabeza. ¡La cara del cumpleañero
se cubre de nata! Es algo tradicional de los países de América Latina. La
piñata también es tradicional y es muy divertida. En alguna fiesta grande
como la de quince años o cualquier fiesta importante, se rompe la
piñata. La piñata está llena de dulces. El cumpleañero le da golpes con
un palo mientras los demás gritan: "¡Dale! ¡Dale!" hasta que se rompe.
Cuando se rompe la piñata, los dulces caen por el suelo y los niños, y
hasta los adultos, se acercan para recogerlos. Si quieres hacer una fiesta
algo divertida, intenta hacerlo.

Ejercicio 5
Lee el texto y haz preguntas sobre él.
上の文章を読み，その内容に関する疑問文をいくつか作ってみよう。

Ejercicio 6
Escribe sobre las fiestas de cumpleaños que haces con tu
familia.
上の文章を参考に，あなたの家の誕生日パーティーについて書いてみよう。

- -

- -

- -

- -

- -

Gramática 6

1. 過去未来の活用形と用法①

規則活用

llegar

	単数	複数
1 人称	llegar*ía*	llegar*íamos*
2 人称	llegar*ías*	llegar*íais*
3 人称	llegar*ía*	llegar*ían*

※過去未来形は，動詞の不定詞の後に活用語尾を付ける。

語幹が不規則な動詞

不定詞	未来の語幹	不定詞	未来の語幹
querer	querr-	tener	tendr-
poder	podr-	salir	saldr-
saber	sabr-	poner	pondr-
haber	habr-	hacer	har-

※未来の語幹が不規則な動詞（→ p.6）は，過去未来でも同様に不規則。

過去のある時点から見た未来のことは，過去未来を用いて表現する。

Cuando llegué a México, no pensaba que **podría** pasar tan divertido.

メキシコに着いたころは，こんなに楽しく過ごせると思っていなかった。

2. 過去未来の用法②

過去未来は，過去における推量を表すこともできる。

Cuando estaba en Colombia, mis padres se **preocuparían** muchísimo por mí.

コロンビアにいたころ，きっと両親は私のことをものすごく心配していただろう。

※形容詞や副詞に -ísimo を付けることで，意味を強められることがある。その際，母音で終わる語は最後の母音を取り除いて付け，子音で終わる語はそのまま付け足す。また，形容詞に付く -ísimo の語尾は，修飾する名詞と性数一致する。

facilísimo < facil + -ísimo   grandísim**a** < grande + ísim**a**

La torre es altísim**a**. (< alt**a** + -ísim**a**)

3. 過去未来の用法③ 「（A が B なら）〜するだろう」

「私が君だったら」のように，もし話者ではない誰かの立場なら「〜するだろう」というときは，過去未来を使って表現する。

Yo que tú, **traería** un ramo de rosas.

僕が君ならバラの花束を持っていくだろうね。

4. 過去未来の用法④：婉曲「〜なのだけれど…」

意見などを言い切るのではなく，少しぼかした表現をしたいときにも，過去未来を使うことができる。

Disculpe. **Querría** hacer unas preguntas.

すみません。いくつかちょっとした質問をしたいのですが…。

※名詞に -ito（縮小辞）を付けることで，小ささ・かわいらしさを表すことができる。また，愛情をこめて呼ぶときにもつけることができる。その際，母音で終わる語は最後の母音を取り除いて付け，子音で終わる語はそのまま付け足す。語尾は名詞と性数一致する。縮小辞は単語や地域によって -cito や -illo が使われることもある。

pajarit**o** < pajar**o** + -ito   小鳥   botellit**as** < botell**as** + -it**as**   小びん

Miguelit**o** < Miguel + -it**o**   （愛する）ミゲルくん

pan recién sacado del horno

factura

Ópera de Madrid

heladería

Teatro Colón de Buenos Aires

concierto de música tradicional gallega

1 Venid pronto.

早く来て。

pronto すぐに，早く
estar a punto de + 不定詞 まさに〜するところだ
entrada 入り口
Vale.
　OK（スペインの表現）

 DIÁLOGO 1 P : Pilar　M : Mateo

52

> P : Chicos, venid pronto, que la película está a punto de empezar.
> M : Vale. Ya estamos llegando a la entrada.

 Ejercicio 1 Usa el DIÁLOGO 1 como modelo y practica utilizando las siguientes expresiones.

次の表現を用いて，上のような対話をしよう。

billete *m.* 切符
taquilla
　　　窓口，切符売り場
puerta de embarque
　　　　　　　搭乗口
revisar 見直す
hoja de respuestas
　　　　　　　答案用紙
examen *m.* 試験

comprar billetes pronto /
el tren / salir /
a la taquilla

venir pronto /
la puerta de embarque /
cerrar / a la puerta

correr / la profesora /
llegar / al aula

revisar la hoja de respuestas /
acabarse el tiempo /
terminar el examen

2 Déjenlo en el mostrador.

それをカウンターの上に置いてください。

ordenador *m.*
　　　コンピューター
dejar
　置いておく，放っておく
mostrador *m.*
　　　　カウンター

dejar（肯定命令）

	dej**emos**
dej**a**	dej**ad**
dej**e**	dej**en**

 DIÁLOGO 2 Pa : Pasajero　Pe : Personal

53

> Pa : Tenemos un ordenador.
> ¿Dónde lo dejamos?
> Pe : Déjenlo en el mostrador.

 Ejercicio 2 Pregunta a tu compañero/ra y respóndele dónde tienen que dejar cada elemento usando las siguientes expresiones.

次の表現を用いて，持ち物をどこに置かなければいけないのか尋ねて，答えてみよう。

持ち物

botella　ボトル, 瓶
mochila
　　　　リュックサック
consigna
　　　　コインロッカー
cinta transportadora
　　　　ベルトコンベア
suelo　床, 地面

una botella de agua

una mochila grande

una maleta

un carrito de bebé

置くべき場所

la mesa	la consigna	la cinta transpordadora	el suelo

Aplicación 1
54

Escucha los diálogos. Si las siguientes frases son correctas, marca la casilla V. Si no, marca la casilla F.
これからいくつか対話を聞きます。次の各文が正しければ V, 間違っていれば F にチェックマーク（✓）を書き入れよう。

temporada　シーズン,
　　　　クール
serie f.　シリーズ（連続
　　　　ドラマ）
sesión f.　上映
La Fortaleza escondida
　『隠し砦の三悪人』
　（1958 年, 監督：黒
　澤明）
butaca　劇場の座席
fila　列

cancelar
　　　　キャンセルする
se ha cancelado
← cancelarse　キャン
セルされた（現在完了）
actuación f.　公演, 演奏

decir（否定命令）
　　　　no digamos
no digas　no digáis
no diga　no digan

esperaba
← esperar　期待してい
た（線過去）
desde hace mucho
tiempo　ずっと前から
aplazarse　延期される
estreno　封切り, 初演

		V	F
Diálogo 1	La nueva temporada de la serie que le gusta a Carlos empezará el martes. Carlos が好きなテレビドラマの新しいクールが, 火曜日に始まる。	☐	☐
Diálogo 2	El cliente compra dos entradas para la sesión de las ocho. 男性は 8 時の映画のチケットを 2 枚買う。	☐	☐
Diálogo 3	① La mujer hace la reserva de las butacas para un concierto del jueves. 女性は木曜日のコンサートの座席の予約をする。	☐	☐
	② De las butacas de la parte central solo quedan las de la fila seis. 中央部の座席は 6 列目だけが残っている。	☐	☐
Diálogo 4	① Ana ya ha comprado las entradas del concierto. Ana は入場券を購入済みである。	☐	☐
	② Ana le pide a Miguel que pague y recoja las entradas. Ana は Miguel に入場券の支払いと受け取りを依頼した。	☐	☐

3　No me digas.
まさか。

DIÁLOGO 3　M : Mónica　D : David
55

M : Se ha cancelado la actuación de la Orquesta Real.
D : No me digas. Quería verla desde hace mucho tiempo.

Ejercicio 3

Usa el DIÁLOGO 3 como modelo. Comunica a tus compañeros/ras la cancelación de los siguientes eventos y muestra tu reacción.
上の対話にならって, クラスメイトに, 次のイベントがキャンセルになったと伝えてみよう。また, それにリアクションしてみよう。

cancelarse el Festival de
Rock / asistir al concierto
de mi grupo favorito

aplazarse el estreno
de la película / verla

emisión *f.* 放送
telenovela
　　　　　　テレビドラマ
partido　試合

cancelarse la emisión
de la telenovela de esta
noche / verla

cancelarse el partido /
asistir a ese partido
importante

verの活用（否定命令）

	no veamos
no veas	no veáis
no vea	no vean

hacer の活用（肯定命令）

	hagamos
haz	haced
haga	hagan

　Aplicación 2
56

Escucha los tres diálogos y completa la siguiente tabla.
これから3つ対話を聞きます。その内容に基づき，次の表の空所に適
切な語を日本語で書き入れよう。

Diálogo 対話	¿Dónde? どこで?	¿Quién? / ¿Quiénes? 誰が?	¿Cuándo? いつ?	¿Qué hace / hará? 何をしている / する?
(1)	en Internet ネットで			
(2)	en una página ilegal 違法サイトで	Emilio エミリオが		
(3)			ya すぐに	

página web(→ p.9)
suscripción *f.*
　サブスクリプション，購
　　　　　　　読
sitio web　ウェブサイト

4　**No se preocupe.**
心配しないでください。

　DIÁLOGO 4　　F：Francisco　T：Teleoperadora
57

F : ¿Todavía quedan entradas para el
　concierto de mañana?
T : No se preocupe. Todavía quedan
　los mejores sitios.

teleoperador, -dora
テレフォンオペレーター
quedar　残る
los mejores sitios
最高の場所→最高の座
　　　　　席(複数)
periódico　新聞
recién sacado de ～
　　～から取り出した
　　　　　ばかりの
horno　オーブン

Ejercicio 4　

Practica como el DIÁLOGO 4 utilizando las siguientes expresiones.
次の表現を用いて，上のような対話をしよう。

billetes para el tren a
Madrid / 複数の顧客に
ustedes を使って /
el próximo tren

pan / 1人の常連客に tú
を 使って / pan recién
sacado del horno

periódicos / 1人の常連
客に tú を使って /
unos periódicos

helado
　　　アイスクリーム
sabor *m.*　味
camisa　シャツ
rojo, -ja　赤い
amarillo, -lla　黄色い
zapato(s)　(主に *pl.*) 靴
talla　サイズ
más pequeño, -na
　　　より小さい
marcar　番号を押す，
　　　ダイヤルする
operador, -dora
　　　オペレーター
cobrar　徴収する
doble　2倍に，2倍の
el mes pasado　先月
volverá (< volver 未来
　主語 usted)　あなた
　は戻るだろう，帰る
　だろう
sartén *f.*　フライパン
olla　鍋
multifunción *f.*　多機能
mitad *f.*　半分
director, -tora　監督
actor *m.*　役者(女性形:
　　　actriz)
rueda de prensa
　　　記者会見
suscribir　購読する
contratar　契約する

actividad *f.*　活動
ocio　余暇
disfrutar　楽しむ
teléfono inteligente
　　　スマートフォン
a través de 〜
　　　〜を通して
espectáculo
　　　ショー，興行
en vivo
　　　生の，ライブの
familiarizarse
　　　親しむ，慣れる
pasatiempo　娯楽
representar un papel
　　　役を演じる
argumento　ストーリー
　　　(プロット，筋)
doblaje *m.*　吹き替え
ensayo　リハーサル
escena　シーン，舞台
guion *m.*　台本
protagonista *m. f.*
　　　主人公　＊男女同形

helados / 複数の顧客に
vosotros を使って /
todos los sabores

esta camisa en otro color /
1人の顧客に usted を使って /
una roja y otra amarilla

zapatos / 1人の常連客
に tú を使って /
unos zapatos

Aplicación 3　58

Escucha los cinco monólogos o diálogos y elige la respuesta correcta.
これから5つのモノローグまたは対話を聞きます。次の各選択肢のうち，正しいほうを選ぼう。

Monólogo 1　Para hablar con un operador, tiene que marcar [a) dos　b) tres].
オペレーターと話すには [a) 2番　b) 3番] をプッシュしなければいけない。

Diálogo 2　Parece que al hombre [a) no le han cobrado　b) le han cobrado doble] el pago del mes pasado.
男性は先月の支払いを [a) 徴収されなかった　b) 二重に徴収された] ようである。

Monólogo 3　Si compra ahora un set de sartén y olla multifunción, puede [a) llevar otro set más por el mismo precio　b) llevárselo a mitad de precio].
今，フライパンと多機能鍋のセットを購入すると [a) 同じ値段でもう1セット付いてくる　b) 半額で購入できる]。

Diálogo 4　El Sr. Henríquez tiene la reunión con los actores el próximo viernes [a) a las tres　b) a las doce].
エンリケス氏は金曜日 [a) 3時　b) 12時] に俳優たちとのミーティングが予定されている。

Diálogo 5　El hombre va a [a) contratar　b) cancelar] un servicio de streaming.
男性はストリーミングサービスを [a) 解約　b) 契約] するつもりである。

5　Vocabulario del mundo de espectáculos　ショーの語彙に親しもう

ESCUCHA　59

Hablemos de las actividades de ocio. Aunque las películas y otros tipos de vídeo se pueden disfrutar en *smartphones*, teléfonos inteligentes, a través de varios servicios de suscripción, ir a espectáculos en vivo, ir al cine o al teatro, siguen siendo pasatiempos populares. Familiaricémonos con el vocabulario relacionado con el mundo del espectáculo para que podamos disfrutar más del cine o del teatro. Un *actor* o una *actriz* es una persona que representa un papel. Un *argumento* es un tema o un asunto que trata la película. Un *director* o una *directora* es una persona que dirige la película o la obra de teatro. Un *doblaje* es una traducción de audio del idioma de la película. Un *ensayo* es una práctica que hace un actor antes de una actuación. Una *escena* es una parte en una película o un lugar en que actúan los actores. Un *guion* es un texto con diálogos e indicaciones técnicas para realizar una película o una obra de teatro. Un *protagonista* es una persona principal en la obra.

Ejercicio 5 　Lee el texto y haz preguntas sobre él.
上の文を読み，その内容に関する疑問文をいくつか作ってみよう。

Ejercicio 6 　Escribe respuestas a las preguntas que hiciste en el Ejercicio 5.
Ejercicio 5 の疑問文に答える文を書いてみよう。

Gramática 7

1. Venid pronto.「(君たち) 早く来て」 肯定命令

肯定命令は，聞き手に対して「〜しろ」「〜してください」と命令するときの動詞の活用形。

聞き手（tú, vosotros, usted, ustedes）に応じて異なる活用形を用いる。

① 規則動詞：**tú** に対する肯定命令→直説法現在 3 人称単数形と同じ形。

Deja la maleta aquí.　スーツケースをここに置いていきなさい。

Compra los billetes por Internet.　切符をネットで買いなさい。

② **vosotros/as** に対する命令→不定詞の語尾の **-r** を **-d** に変える。

Chicos, **venid** aquí.　みんな，ここに来て。(venir → venid)

③ 不規則動詞：**tú** に対する肯定命令が不規則な活用になるものがある。

不定詞	decir	hacer	ir	poner	salir	tener	venir
tú 命令	di	haz	ve	pon	sal	ten	ven

María, **ven** aquí.　マリア，ここに来て。

④ **usted** と **ustedes** に対する肯定命令「〜してください」→ **Lección 8** で学ぶ接続法と同じ活用形。

a. 規則動詞→直説法現在 3 人称（usted, ustedes）の活用形の語尾を，次のように変える。

・-ar → -e, -en　**Hable** despacio.　ゆっくり話してください。(usted: hable ← hablar)

・-er, -ir → -a, -an　**Coman** despacio.　ゆっくり食べてください。(ustedes: coman ← comer)

b. 不規則動詞→詳しくは **Lección 8** 接続法現在を参照。

Señor Tanaka, **venga**, por favor.　　Señoras y señores, **vengan** a la puerta de embarque.

田中さん，お越しください。　　　　　みなさま，搭乗口へお越しください。

2. Déjelo en el mostrador.「(あなたは) それをカウンターに置いてください」肯定命令と目的格人称代名詞

目的格人称代名詞（me, te, le, lo, la, nos, os, les, los, las）を命令形の動詞の直後に付ける。

Dime.　もしもし。←私に言いなさい。Di + me

Déjalo aquí.　ここに置いて行きなさい。Deja + lo

3. No me digas.「まさか（←私に言わないで）」否定命令と目的格人称代名詞

・否定命令は〈**no** ＋接続法現在活用〉

No hables con Mario.　マリオと話すな。(tú: hables ← hablar)

No beba mucho.　あまり飲まないでください。(usted: beba ← beber)

・否定命令と目的格人称代名詞

目的格人称代名詞は動詞の前に置く。

No **lo** compres.　それを買ってはいけない。

4. No te preocupes.「心配しないで」再帰動詞の命令

Levántate.　起きなさい。(← levantarse) 肯定命令…再帰代名詞は動詞の直後に付ける。

No **te preocupes**.　心配しないで。(← preocuparse) 否定命令…再帰代名詞は動詞の前に置く。

El clima 天候

Está despejado.

Hace sol.

lluvia

nieve

niebla

jacarandá

pronóstico del tiempo 天気予報

a lo mejor おそらく

llover（不規則動詞）

	3人称単数
直説法現在	llueve
未来	lloverá
点過去	llovió
線過去	llovía
過去未来	llovería
接続法現在	llueva

1 A lo mejor mañana no lloverá.

おそらく明日雨は降らないでしょう。

DIÁLOGO 1 D : David A : Angelina

60

D : Oye, ¿qué dice el pronóstico del tiempo?
A : Dice : “A lo mejor mañana no lloverá.”

Ejercicio 1 Usa el DIÁLOGO 1 como modelo y practica utilizando las siguientes expresiones.
次の表現を用いて，上のような対話をしよう。

haber mucho viento / esta noche

estar nublado / pasado mañana

hacer mal tiempo / este fin de semana

nevar mucho / este invierno

pasado mañana 明後日

nevar（不規則動詞）

	3人称単数
直説法現在	nieva
未来	nevará
点過去	nevó
線過去	nevaba
過去未来	nevaría
接続法現在	nieve

quizá おそらく

2 Quizá haga más frío este fin de semana.

おそらく今週末はもっと寒くなるでしょう。

DIÁLOGO 2 F : Frida D : Diego

61

F : ¿Crees que necesitamos llevar un abrigo para la fiesta?
D : Sí, quizá haga más frío este fin de semana.

Ejercicio 2 Usa el DIÁLOGO 2 como modelo y practica utilizando las expresiones del Ejercicio 1.
Ejercicio 1 の表現を用いて，上のような対話をしよう。

Aplicación 1

62

Escucha los diálogos. ¿Qué tiempo hará al día siguiente?
Completa la tabla con los símbolos adecuados.
いくつか対話を聞き，それぞれについて翌日の天気のシンボルを書き入れよう。

tifón *m.* 台風
rayo 稲妻，落雷
tejado 屋根

晴れ	くもり	雨	雪	台風	雷雨	～のち
☀	☁	☂	⛄	🌀	⛈	→

Diálogo 対話	(1)	(2)	(3)	(4)	(5)
Clima 天気					

3　Que suba un poco más la temperatura.

もう少し気温が上がってほしいなあ。

DIÁLOGO 3　J : José　M: Margarita

63

J : Que suba un poco más la temperatura.
M : Tal vez haga mucho calor la próxima
　　semana.

Ejercicio 3

Usa el DIÁLOGO 3 como modelo y practica utilizando las
siguientes expresiones.
次の表現を使って，上のような対話をしよう。

chispear 小雨が降る

chispear（規則動詞）
　　　　　　　3 人称単数
直説法現在　chispea
未来　　　　chispeará
点過去　　　chispeó
線過去　　　chispeaba
過去未来　　chispearía
接続法現在　chispee

Navidad *f.* クリスマス
nublado, -da
　　　　　　曇っている
probablemente
　　　　　　おそらく
tormenta 嵐

- que / hacer buen tiempo
- tal vez / estar nublado /
　esta noche

- que / hacer sol
- quizá / chispear /
　mañana

- que / no llover
- quizás / haber tormenta /
　este fin de semana

- que / nevar
- probablemente / hacer frío /
　esta Navidad

campamento
　　　　キャンプ
estar listo, -ta
　　準備が整っている
videojuego
　　　　テレビゲーム
el hemisferio sur
　　　　　　南半球
opuesto, -ta
　　　　反対である
¿De veras?
　　　　本当に？
Patagonia　パタゴニ
ア（南米大陸南端の地方）

Aplicación 2

64

Escucha los diálogos. Si las siguientes frases son correctas, marca la casilla V. Si no, marca la casilla F.
これからいくつか対話を聞きます。次の各文が正しければ V，間違っていれば F にチェックマーク（✓）を書き入れよう。

　　　　　　　　　　　　　　　　　　　　　　　V　F

Diálogo 1　Jorge no quiere que haga buen tiempo.　□　□
　　　　Jorge は明日晴れてほしくない。

Diálogo 2　Rosa cree que hará buen tiempo este fin de semana.　□　□
　　　　Rosa は週末の天気はよくなると思っている。

Diálogo 3　① A María no le gustan los rayos porque hacen un ruido muy fuerte.　□　□
　　　　大きな音がするから María は雷が嫌い。

　　　　② A Mario le preocupa que entre la lluvia en casa.　□　□
　　　　Mario は雨が家に入ってこないか心配している。

Diálogo 4　① Cristiana cree que hará frío en abril en Chile.　□　□
　　　　Cristiana は 4 月のチリは寒いだろうと思っている。

　　　　② Alfredo cree que hará mucho viento en la Patagonia.　□　□
　　　　Alfredo はパタゴニアは風が強いだろうと思っている。

4　Ojalá no haya mucha humedad.
あまり湿度が高くないといいのだけれど。

Yucatán　ユカタン半
島（メキシコ湾とカリ
ブ海との間に突き出て
いる半島）

DIÁLOGO 4　　R : Rufino　O : Olga

65

R : Oye, ¿tu hijo viaja por Yucatán?
O : Sí. Ojalá no haya mucha humedad.

Ejercicio 4

Usa el DIÁLOGO 4 como modelo y pregunta a tu compañero/ra a dónde van las siguientes personas. Y responde cuándo prefieren ir utilizando las siguientes expresiones.
上の対話にならって，クラスメイトに次の人たちがどこに行くと思うか尋ねてみよう。また，いつ行きたいと思っているかを答えてみよう。

volar　飛ぶ
Nasca　ナスカ（ペルー）
Machu Picchu
　マチュピチュ（ペルー）
las Cataratas del
Iguazú　イグアスの滝
　　　　　　（南米）
Honduras
　　　　ホンジュラス
Cancún　カンクン（メ
　キシコのリゾート）
hacer un frío que
pela　ものすごく寒い
　　　（口語的表現）

- tus padres /
viajar a Machu Picchu /
- no haber niebla

- tu novia /
ir a volar sobre Nasca
- no haber mucho viento

- tus abuelos /
viajar a las Cataratas del Iguazú
- estar despejado

- usted /
viajar por Honduras
- no hacer mucho calor

- vosotros / viajar a Cancún
- no hacer mucho sol

- nosotros /
viajar por la Patagonia /
- no hacer un frío que pela

llegar（接続法現在）
（綴りかえの起こる動詞）

lleg**ue**	lleg**uemos**
lleg**ues**	lleg**uéis**
lleg**ue**	lleg**uen**

※ gue の綴りになること
に注意

muñeco de nieve
　　　　　　雪だるま
abrigarse　厚着する

seco, -ca
　　　　乾燥している
garganta　のど

estación *f.*　季節
　primavera　春
　verano　夏
　otoño　秋
　invierno　冬
planear　計画する
temporada seca
　　　　　　乾季
temporada de lluvias
　　　　　　雨季

iniciar　始まる
prolongar　延びる
granizo　ひょう
paraguas *m.* plegable
　　　　折り畳み傘
frecuentemente
　　　　　　頻繁に
es recomendable
　que + 接続法　〜する
　　　ことが推奨される
suficientemente
　　　　　　十分に
o más bien　むしろ
impermeable *m.*
　　　　レインコート
clima *m.*　気候
gradualmente　段階
　的に，だんだんと
mientras más 〜,
　más …　〜になれば
　なるほど，…になる
jacarandá *m.*　ハカラ
　ンダ（ジャカランダ）
agradablemente　快
　適なほど，心地よく
adecuado, -da
　　　　　適している
actividades *f. pl.*
　al aire libre　屋外アク
　ティビティ

Aplicación 3

66

Escucha los cinco diálogos y elige la respuesta correcta en cada caso.
これから5つ対話を聞きます。次の各選択肢のうち，正しいほうを選ぼう。

Diálogo 1　Mario espera que [a) llueva　b) no llueva].
　　　　　Mario は ［a) 雨が降る　b) 雨が降らない］ ことを願っている。

Diálogo 2　Mariela quiere que [a) llegue　b) no llegue] el tifón.
　　　　　Mariela は台風が ［a) 来てほしい　b) 来てほしくない］。

Diálogo 3　[a) Hay bastante　b) No hay mucha] nieve.
　　　　　雪が ［a) 十分積もっている　b) あまり積もっていない］。

Diálogo 4　Dicen que [a) subirá　b) bajará] la temperatura esta tarde.
　　　　　今日の午後，気温は ［a) 上がる　b) 下がる］ と言っている。

Diálogo 5　La madre espera que [a) haya　b) no haya] mucha humedad.
　　　　　お母さんは ［a) 湿度が高い　b) 湿度が高くない］ ことを願っている。

5　Las estaciones　季節（四季，雨季と乾季）

ESCUCHA

67

En muchos países existen cuatro estaciones: primavera, verano, otoño e invierno. Pero tienes que planear con cuidado si viajas por el hemisferio sur. Las estaciones son opuestas. También debes saber que la temporada seca y la temporada de lluvias son muy importantes en algunos países. En México, por ejemplo, se inicia la temporada de lluvias en mayo y se prolonga hasta octubre o noviembre. Casi todos los días, alrededor de las cuatro o cinco de la tarde empieza a llover muy fuerte con tormentas, también a veces cae granizo. No es una buena idea llevar un paraguas plegable porque frecuentemente hace mucho viento y el paraguas plegable sirve de muy poco. Es recomendable que lleves un paraguas grande para que te cubra suficientemente, o más bien, que te pongas un impermeable largo. El clima se seca gradualmente en noviembre. Mientras más seco, más frío. El mes de enero es el más frío del año. Luego va subiendo la temperatura poco a poco, los jacarandás comienzan a florecer, eso significa que llega la primavera. En marzo, el clima ya es agradablemente seco y es adecuado para que disfrutes de las actividades al aire libre.

Ejercicio 5

Lee el texto y piensa en algún lugar que quieras visitar, las actividades que quieras hacer allí, la estación más adecuada para visitarlo.
上の文章を読み，行ってみたい旅行先とそこでやってみたいアクティビティ，それに適した時期を考えてみよう。

Ejercicio 6

Pregunta a tus compañeros/ras qué lugar quiere visitar y qué quiere hacer. Después, recomiéndale un mes adecuado para hacerlo.
クラスメイトに行ってみたい国，やってみたいアクティビティを尋ね，何月に訪れるべきかおすすめしてみよう。

Gramática 8

1. 天候表現

hacer ＋ 天候を表す名詞

   sol 日差し　　**viento** 風　　**calor** 暑さ　　**frío** 寒さ　　**fresco** 涼しさ

   Hoy **hace** mucho <u>frío</u>.　　今日はとても寒い。

   buen tiempo よい天気　　**mal tiempo** 悪い天気

   Esta tarde hace muy buen tiempo.　　今日の午後はとても天気がよい。

haber ＋ 天候を表す名詞

   humedad 湿気　　**niebla** 霧　　**nubes** 雲　　**nieve** 雪　　**tormenta** 嵐

   En la región costera **hay** mucha <u>humedad</u>.　　沿岸地方はとても湿度が高い。

estar ＋ 天候を表す形容詞

   despejado 晴れわたった　　**nublado** くもり

   El cielo **está** muy <u>nublado</u>.　　空はとても曇っている。

天候を表す動詞

   llueve (<llover) 雨が降る　　**nieva** (<nevar) 雪が降る　　**truena** (<tronar) 雷が鳴る

   En las montañas **nieva** mucho.　　山ではたくさん雪が降る。

   ※天候を表す表現では，動詞は時制に合わせて 3 人称単数で活用する。

   　ただし，〈haber ＋ 天候を表す名詞〉の場合，現在時制では hay を使う。

2. 接続法現在：推測　　「おそらく～でしょう」

〈Quizá(s) ＋ 接続法〉を用いて，推測を表すことができる。

他に〈tal vez ＋ 接続法〉，〈probablemente ＋ 接続法〉，〈posiblemente ＋ 接続法〉など。

Empezó a llover. Quizá mi hijo **regrese** mojado.

雨が降り始めたわ。息子はおそらく濡れて帰ってくるでしょうね。

接続法現在規則動詞

	regresar 単数	regresar 複数	beber 単数	beber 複数	vivir 単数	vivir 複数
1 人称	regres*e*	regres*emos*	beb*a*	beb*amos*	viv*a*	viv*amos*
2 人称	regres*es*	regres*éis*	beb*as*	beb*áis*	viv*as*	viv*áis*
3 人称	regres*e*	regres*en*	beb*a*	beb*an*	viv*a*	viv*an*

接続法現在不規則動詞①：直説法現在の 1 人称単数が不規則な動詞

	conocer 単数	conocer 複数	hacer 単数	hacer 複数
1 人称	conozc*a*	conozc*amos*	hag*a*	hag*amos*
2 人称	conozc*as*	conozc*áis*	hag*as*	hag*áis*
3 人称	conozc*a*	conozc*an*	hag*a*	hag*an*

接続法現在不規則動詞②：語幹がまったく不規則になる動詞

接続法現在不規則動詞③：アクセントに注意が必要な動詞

	haber (hay-) 単数	haber (hay-) 複数	estar 単数	estar 複数	dar 単数	dar 複数
1 人称	hay*a*	hay*amos*	est*é*	est*emos*	d*é*	d*emos*
2 人称	hay*as*	hay*áis*	est*és*	est*éis*	d*es*	d*eis*
3 人称	hay*a*	hay*an*	est*é*	est*én*	d*é*	d*en*

*ir (vay-), saber (sep-), ver (ve-), ser (se-)

3. 接続法現在：願望　　Que ＋ 接続法　「～だといいなあ」「～しますように」

Todavía no despega el avión. ¡Que **deje** de nevar pronto!

飛行機がまだ離陸しない。はやく雪がやみますように！

〈Ojalá ＋ 接続法〉や〈Ojalá que ＋ 接続法〉を用いて，願望を表すこともできる。

¡Ay! ¡Me da miedo! ¡Ojalá que ya no **truene** más!

わあ！　怖いよ！　これ以上もう雷なんて鳴らないでよ！

En la clínica

cuestionario médico

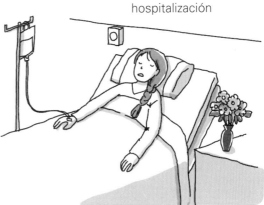

hospitalización

embarazada

medicamentos

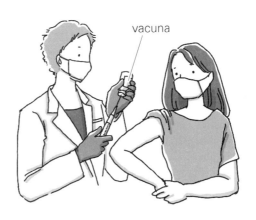

mascarillas (cubrebocas)

vacuna

doler 〜が痛む
estómago 胃
grave 重大な

ser（接続法現在）
　　（不規則動詞）

sea	seamos
seas	seáis
sea	sean

1　Espero que no sea grave.
重症じゃないといいのですが。

 DIÁLOGO 1　Ge：Geraldo　Gl：Gloria
68

> **Ge : ¿Alfredo tiene cita con el médico? ¿Qué tiene?**
> **Gl : Le duele el estómago. Espero que no sea grave.**

Ejercicio 1 　Usa el DIÁLOGO 1 como modelo y practica utilizando las siguientes expresiones.
次の表現を用いて，上のような対話をしよう。

cirujano, -na *m. f.*
　　　　　　外科医
tener doler de 〜
　　　　　　〜が痛い
espalda 背中

mejorar（接続法現在）
　　　（規則動詞）

mejore	mejoremos
mejores	mejoréis
mejore	mejoren

- su abuela / cirujano
- tener dolor de espalda /
　ojalá / mejorar pronto

-Daniel y Leticia / neumólogo
- tener tos / querer que /
　no tener nada grave

neumólogo, -ga *m. f.*
　　　　　　呼吸器科医
tos *f.* 咳

tener（接続法現在）
　　（不規則動詞）

tenga	tengamos
tengas	tengáis
tenga	tengan

- hija de Isabel / pediatra
- dolerle la cabeza / esperar que /
no estar resfriada

- Ariel / otorrino
- tener mocos / esperar que /
no ser nada importante

pediatra *m. f.*　小児科医
resfriado, -da
　　　　　　風邪を引いた
otorrino *m. f.*
　　　　　　耳鼻科医
moco 鼻水
tener mocos
　　　　　　鼻水が出る

haber（接続法現在）
　　（不規則動詞）

haya	hayamos
hayas	hayáis
haya	hayan

2　No creo que haya problemas.
問題があるようには思えません。

 DIÁLOGO 2　A：Alfredo　D：Doctora
69

> **A : ¿Qué tengo? ¿Algo grave?**
> **D : No creo que haya problemas.**
> **Toma esta medicina y ya no**
> **comas demasiado.**

Ejercicio 2 　Usa el DIÁLOGO 2 como modelo acerca de las personas del Ejercicio 1 utilizando las siguientes expresiones.
クラスメイトと，Ejercicio 1 の人たちについて，表の表現を使って上のような対話をしよう。

cinturón *m.* lumbar
腰痛ベルト
infección *f.* 感染症
prueba 検査

poner（接続法現在）
（不規則動詞）

ponga	pongamos
pongas	pongáis
ponga	pongan

alergia アレルギー
alergia al polen
花粉症
mascarilla マスク

cuestionario médico
問診票
estado de salud
身体の状態
estar embarazada
妊娠中

saber（接続法現在）
（不規則動詞）

sepa	sepamos
sepas	sepáis
sepa	sepan

medicamento 薬
diabetes *f.*（単複同形）
糖尿病
alcohol
酒，アルコール飲料
el apartado "otros"
「その他」欄

cansancio 疲れ

dormir（接続法現在）
（不規則動詞）

duerm**a**	durm**amos**
duerm**as**	durm**áis**
duerm**a**	duerm**an**

levantar cosas
pesadas 重いもの
を持ちあげる
carrito 荷車
virus *m.* ウイルス

aislar（接続法現在）
（規則動詞）

aísl**e**	aisl**emos**
aísl**es**	aisl**éis**
aísl**e**	aísl**en**

	abuela	Daniel y Leticia	Isabel y su hija	Ariel
diagnóstico 診断	no creer que / tener algún problema grave	dudar que / tener una infección	no creer que / su hija tener algo grave	sospechar que / tener alergia al polen
consejo アドバイス	aconsejarle que / usar un cinturón lumbar	es necesario que / hacer una prueba	es importante que / ponerle más ropa	recomendarle / ponerse mascarilla

 Aplicación 1
70

Escucha los diálogos. Si las siguientes frases son correctas, marca la casilla V. Si no, marca la casilla F.
これからいくつか対話を聞きます。次の各文が正しければ V，間違っていれば F にチェックマーク（✓）を書き入れよう。

V F

Diálogo 1
① Daniel ha escrito un cuestionario médico alguna vez. ☐ ☐
Daniel は問診票を書いたことがある。
② Leticia está embarazada. ☐ ☐
Leticia は妊娠している。

Diálogo 2
Daniel se acuerda de los nombres de los medicamentos que toma siempre. ☐ ☐
Daniel はいつも飲んでいる薬の名前を覚えている。

Diálogo 3
Leticia está disgustada porque Daniel toma alcohol. ☐ ☐
Leticia は Daniel がお酒を飲むのをよく思っていない。

Diálogo 4
Daniel escribe en el apartado "Otros". ☐ ☐
Daniel は「その他」欄に記入する。

3 Es recomendable que duerma más horas.

もっと睡眠時間を取ったほうがいいですよ。

 DIÁLOGO 3   A : Alfredo   D : Doctora
71

A : ¿Entonces es por comer demasiado?
D : También por cansancio. Es recomendable que duerma más horas.

Ejercicio 3

Pregunta a tus compañeros/ras y dales consejos utilizando las siguientes expresiones.
次の表現を使ってクラスメイトに質問してみよう。また，次の表現を使ってアドバイスしよう。

- por levantar cosas pesadas
- Sí, / es bueno que /
usar un carrito

- por un virus
- Sí, / es necesario que /
aislarse

desabrigado, -da
　　　　　　薄着の
articulación *f.*　関節

cubrir（接続法現在）
　　　　（規則動詞）

cubr*a*	cubr*amos*
cubr*as*	cubr*áis*
cubr*a*	cubr*an*

- por ir desabrigada
- Sí, / es mejor / que /
cubrirse las articulaciones

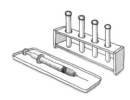

- por alguna alergia
- Sí, / es conveniente que /
saber qué tipo de alergia es

alérgeno　アレルゲン

análisis *m.*　分析
sangre *f.*　血液
polen *m.*　花粉
resultado　結果
polvo　ホコリ
polvo de la casa
　　　　　ハウスダスト
ciprés *m.*　スギ
arroz *m.*　イネ
ácaro　ダニ
caspa　フケ

tocar（接続法現在）
（綴りかえの起こる動詞）

toqu*e*	toqu*emos*
toqu*es*	toqu*éis*
toqu*e*	toqu*en*

※ 綴りに注意

sentirse mejor
　　（体調が）よくなる

seguir（接続法現在）
（不規則動詞：e → i）

sig*a*	sig*amos*
sig*as*	sig*áis*
sig*a*	sig*an*

aún　まだ

acercar（接続法現在）
（綴りかえの起こる動詞）

acerqu*e*	acerqu*emos*
acerqu*es*	acerqu*éis*
acerqu*e*	acerqu*en*

※ 綴りに注意

volver（接続法現在）
（不規則動詞：o → ue）

v*uel*v*a*	volv*amos*
v*uel*v*as*	volv*áis*
v*uel*v*a*	v*uel*v*an*

 Aplicación 2
72

Escucha el diálogo. Rellena las casillas en la siguiente tabla.
対話を聞いて，その内容に基づき，次の表の空所に適切な語を日本語で書き入れよう。

alérgenos アレルゲン	ejemplares アレルギーの原因の例	nivel de reacción 反応レベル 3 fuerte　強い 2 mediano　中程度 1 un poco　少々 0 nada　無		comentario de la médica 医師からのコメント
polen 花粉	ciprés　スギ arroz　イネ			
polvo de la casa ハウスダスト	（　　　） ácaros　ダニ			
fruta フルーツ	（　　　） （　　　）			
（　　　）	caspa　フケ			

4　Ya no es necesario que siga tomando esta medicina.

この薬を飲み続ける必要はもうありません。

 DIÁLOGO 4　A : Alfredo　D : Doctora
73

A : Doctora, ya me siento mejor.
D : Ya no es necesario que siga
　　tomando esta medicina.

Ejercicio 4

Usa el DIÁLOGO 4 como modelo y practica utilizando las siguientes expresiones.
次の表現を用いて，上の対話のように答えてみよう。

ya no es necesario /
que ponerse el
cinturón lumbar

aún no están
permitidos /
que acercarse a otras
personas

ya no es recomendable /
que llevar tanta ropa

es lamentable /
que la alergia
poder volver en
primavera

llevar por separado
　　分けて持っていく
ropa ligera　軽装
manga larga　長袖
protección *f.* solar
　　日焼け止め

Aplicación 3

Escucha los cuatro diálogos y elige la respuesta correcta.
これから4つ対話を聞きます。次の各選択肢のうち，正しいほうを選ぼう。

Diálogo 1　El médico le recomienda que lleve cosas [a) de una vez　b) por separado].
医者は［a) 一度に運ぶ　b) 分けて運ぶ］ことを勧めている。

Diálogo 2　No debe acercarse a otra persona [a) una semana　b) dos días] más.
あと［a) 1週間　b) 2日間］は人に近づいてはいけない。

Diálogo 3　El médico aconseja que se ponga ropa de [a) manga corta　b) manga larga].
医者は［a) 半袖　b) 長袖］を着るよう勧めている。

Diálogo 4　Es mejor que se ponga mascarilla en [a) primavera y otoño　b) primavera e invierno].
［a) 春と秋　b) 春と冬］にマスクをしたほうがよい。

5　El examen médico　診察の流れ

DIÁLOGO 5　M : Médica　P : Paciente

siguiente　次の(人)
dedicarse　（仕事に）
　　従事する
ingeniería de
sistemas　システムエ
　　ンジニアリング
gotas para los ojos
　　目薬
toalla al vapor
　　蒸しタオル
irritado, -da
　炎症を起こしている

enfriar（接続法現在）
　　　　（規則動詞）

enfríe	enfriemos
enfríes	enfriéis
enfríe	enfríen

farmacia　薬局
moco　鼻水
fractura　骨折
torcedura　ねんざ
moretón *m.*　あざ
jarabe *m.*　シロップ
yeso　ギプス

M : ¡Siguiente!
P : Buenas tardes, doctora.
M : Buenas tardes. ¿Qué le ocurre?
P : Me duelen los ojos. Y también tengo dolor de cabeza.
M : A ver..., tiene los ojos muy rojos. ¿A qué se dedica?
P : Soy estudiante, de ingeniería de sistemas.
M : Ya. Usa el ordenador durante muchas horas, ¿no? Compre
　　gotas para los ojos y póngaselas cada seis horas.
P : Y, ¿el dolor de cabeza?
M : También viene de los ojos. Es recomendable ponerse una
　　toalla al vapor sobre los ojos.
　　Pero ahora no. Cuando los ojos están irritados como ahora,
　　es necesario que los enfríe.
P : De acuerdo. Muchas gracias, doctora. Voy a la farmacia a
　　comprar gotas.
M : Cuídese. ...¡Siguiente!

Ejercicio 5

Lee el DIÁLOGO 5 y haz preguntas sobre él.
上の対話を読み，その内容に関する疑問文をいくつか作ってみよう。

Ejercicio 6

Usa el DIÁLOGO 5 como modelo y practica utilizando las
siguientes expresiones.
上の対話を参考に，次の表現を使って，クラスメイトと対話してみよう。

tener	dolor de ~	doler	fractura
fiebre	espalda	estómago	torcedura
mocos	cuello	muelas	moretón
tos	pie	mano	gripe
dolor de ~	rodilla	hombro	
aplicar una compresa		después de cada comida	
tomar jarabe		una vez al día	
tomar un medicamento		dos veces al día	
tratarse con yeso		hasta que mejore	

Gramática 9

1. 接続法：願望　　esperar que + 接続法「〜することを期待する」

Espero que mañana os *sintáis* mejor.　明日は君たちの気分がよくなっているよう願います。

上の文では que より前の部分を主節，後ろの部分を従属節という。

願望を表す文では，従属節に接続法が用いられます。Lección 8 で学習した表現と比べて，主節の動詞を活用することで，誰が望んでいるのかをはっきりさせることができる。

願望	desear que + 接続法	〜することを望む
	esperar que + 接続法	〜することを期待する
	querer que + 接続法	〜してほしい

※望んでいる人と，望まれている行為の主体が同じ場合は，不定詞を使う。

Quiero **que comas** más.　私は君にもっと食べてほしい。
Quiero **comer** más.　　　私はもっと食べたい。

接続法現在不規則動詞④：語幹母音変化動詞

	pensar			mover			sentir	
	単数	複数		単数	複数		単数	複数
1人称	pien*se*	pens*emos*		m*ue*va	mov*amos*		s*ie*nta	sint*amos*
2人称	pien*ses*	pens*éis*		m*ue*vas	mov*áis*		s*ie*ntas	sint*áis*
3人称	pien*se*	pien*sen*		m*ue*va	m*ue*van		s*ie*nta	s*ie*nt*an*

※語幹母音変化動詞は，接続法でも語幹母音変化する。
※語尾が -ir の語幹母音変化動詞は 1 人称複数・2 人称複数で e → i, o → u に変化する。

2. 接続法：否定・疑い・助言「〜とは思わない」「〜であることを疑う」「〜するとよい」

creer que 〜や pensar que 〜は，肯定文では直説法を，否定文では接続法を使う。

Creo que *estás* engordando.　　　私は君が太ってきていると思う。
No creo que *estés* engordando.　私は君が太ってきているとは思わない。

また，主節に疑いや助言を表す動詞が来る場合，従属節の動詞は接続法で活用する。

Mi madre duda que mi padre haya dejado de fumar.　私の母は父がタバコをやめたというのを疑っている。

疑い	dudar que + 接続法	〜であることを疑う
	sospechar que + 接続法	〜ではないかと疑う
助言	aconsejar que + 接続法	〜するように助言する

3. 接続法：無人称表現（必要性・可能性・価値判断）

主節の主語が特定されない形で表現されているものを，無人称表現という。

Es necesario que *tome* usted la temperatura de cada mañana.

あなたは毎朝の体温を測る必要があります。

必要性	es necesario que + 接続法	〜することが必要だ
可能性	es posible que + 接続法	〜することがあり得る
価値判断	es mejor que + 接続法	〜するほうがよい
	es importante que + 接続法	〜するのが重要だ
	es recomendable que + 接続法	〜することが推奨される

※接続法を使うことで従属節の主語を明らかにすることができる。一方，「〜すること」が一般に誰にとっても当てはまる場合は，〈es + 形容詞 + 不定詞〉の形で表す。

Es mejor **que tomes** más agua.　　　君はもっと水を飲む必要がある。
Es mejor **tomar** dos litros de agua al día.　（一般に）1日2リットルの水を飲むとよい。

4. その他の接続法表現

感情	sentir que + 接続法	〜であることを残念に思う
依頼	pedir que + 接続法	〜するように頼む
命令	mandar que + 接続法	〜するように命じる
禁止	prohibir que + 接続法	〜することを禁止する
許可	permitir que + 接続法	〜することを許可する
	está permitido que + 接続法	〜することは許されている

edificio de oficinas

sucursal de un banco

oficinas

inmobiliaria

puesto de lotería

taller de automóviles

1 Cuando termine el trabajo, te llamaré por teléfono.

仕事が終わったら，君に電話するよ。

 DIÁLOGO 1　L : Laura　M : Manuel

76

> **L : ¿Tienes tiempo libre esta tarde?**
> **M : Sí. Cuando termine el trabajo, te llamaré por teléfono.**

Ejercicio 1 　Usa el DIÁLOGO 1 como modelo y practica utilizando las siguientes expresiones.
次の表現を用いて，上のような対話をしよう。

tiempo libre
　　　　自由な時間，暇
deberes *m. pl.*　宿題
avisar　知らせる
redes *f. pl.* sociales
　SNS（ソーシャルネット
　ワーキングサービス）
el próximo lunes
　　　　来週の月曜日
almorzar　昼食をとる
terminar de comer
　　　　食べ終わる

terminar（接続法現在） 　　　　（規則動詞）	
termin**e**	termin**emos**
termin**es**	termin**éis**
termin**e**	termin**en**

muchas cosas que
hacer　たくさんのす
　　　　るべきこと
por ahora　さしあた
　　　　って，今のところ
antes de que + 接続法
　（主語と別の動作主が）
　　　　～する前に
jefe *m.*　上司，ボス
　　　　（女性形：jefa)
entregar　提出する
informe *m.*
　　　　報告書，レポート

- (tú) / mañana /
- terminar los deberes /
escribir(te) un mensaje

- (vosotros) / este fin de semana /
- terminar el examen /
(nosotros) avisar(te) por
redes sociales

- (usted) /el próximo lunes /
- (yo) llegar al hotel /
llamar(le) por teléfono

- (ustedes) / después de almorzar /
- (nosotros) terminar de comer /
llamar(les) por teléfono

2 Antes de que vuelva el jefe, tengo que entregar este informe.

上司が帰ってくる前に，この報告書を提出しなければいけません。

 DIÁLOGO 2　T : Teresa　P : Pepe

77

> **T : Tienes muchas cosas que hacer,**
> **¿no? ¿Qué tienes que hacer por**
> **ahora?**
> **P : Pues, antes de que vuelva el jefe,**
> **tengo que entregar este informe.**

Ejercicio 2 　Usa el DIÁLOGO 2 como modelo y practica utilizando las siguientes expresiones.
次の表現を用いて，上のような対話をしよう。

habitaciones libres
　　　　　空室
limpiar 掃除する
huésped *m.* 宿泊客
　（女性形：huéspeda）
película 映画
fecha 日付
renovación *f.* 更新
suscripción *f.* サブス
　　クリプション，購読
cinco películas más
　　　さらに5本の映画
plazo 期限，期間
mensaje *m.*
　　　　　（→ p.34）

revisar 見直す
borrador *m.* 下書き

reunión *f.*
　　会議，ミーティング
enviar 送る
correo electrónico
　　　　　　電子メール
antes de viajar （主
　語の人物が）旅行す
　る前に
despacho オフィス
sacar fotocopias
　　　　　（→ p.2）
marcharse
　　　　去る，出かける
archivo ファイル
disco duro
　　　　ハードディスク

proyecto
　　　　プロジェクト
presentación *f.*
　　　プレゼン，発表
te he traído(< traer の
現在完了 + te)
　　　君に持ってきた
echar un vistazo
　　　　　ざっと見る

echar（接続法現在）
　　　（規則動詞）

eche	echemos
eches	echéis
eche	echen

Vamos a ver.
　　どれどれ見てみよう
presupuesto 予算
avanzar 進む
tesis *f.* （学位）論文
conclusión *f.* 結論

---

(1)（質問をする人）(vosotros) tener / habitaciones / limpiar/ qué / hacer / por ahora
　（答える人）　llegar / nuevos huéspedes / limpiar / todas las habitaciones libres
(2)（質問をする人）(tú) tener / películas / ver / cuántas / películas / ver / por ahora
　（答える人）　llegar / la fecha de renovación de suscripción /ver / cinco películas más
(3)（質問をする人）tener (usted) /mensajes / escribir / cuántos / mensajes / escribir / por ahora
　（答える人）　terminar / el plazo/ escribir / cien mensajes

Aplicación 1　78　Escucha los diálogos. Si las siguientes frases son correctas, marca la casilla V. Si no, marca la casilla F.
これからいくつか対話を聞きます。次の各文が正しければ V，間違っていれば F にチェックマーク（✓）を書き入れよう。

　　　　　　　　　　　　　　　　　　　　　　　　　　　V　F

Diálogo 1　El señor tiene que revisar el borrador antes de que empiece la reunión de mañana. □ □
　　　男性は，明日の会議が始まる前に下書きを見直さなければいけない。

Diálogo 2　Ana va a enviarle el informe a su compañero antes de viajar a Alemania. □ □
　　　Ana は，ドイツに出張する前に報告書を同僚に送る。

Diálogo 3　① Miguel va al despacho de María con las copias del contrato. □ □
　　　Miguel は，María のオフィスに契約書のコピーを持って行く。
　　　② José va a sacar fotocopias del contrato antes de marcharse. □ □
　　　José は退社前に契約書のコピーを取る。

Diálogo 4　① Fernando se ha olvidado de llevar los documentos para la presentación. □ □
　　　Fernando はプレゼン用の書類を持って行くのを忘れた。
　　　② Rosa va a enviar el archivo por correo electrónico antes de que llegue Fernando a la oficina. □ □
　　　Rosa は，Fernando がオフィスに着くまでにファイルをメールで送る。

3　Te he traído este documento para que le eches un vistazo.
君にちょっと見てもらうためにこの書類を持ってきたんだ。

DIÁLOGO 3　79　　J : Juana　M : Mario

J : Hola, Mario. ¿Qué tal va el proyecto?
M : Estamos preparando la presentación. Y te he traído este documento para que le eches un vistazo.
J : Vamos a ver. ¿Cuánto es el presupuesto?

Ejercicio 3　　Usa el DIÁLOGO 3 como modelo y practica utilizando las siguientes expresiones.
上の対話にならって，次の表現を使って対話しよう。

(1) A :¿Cómo / avanzar tu tesis?
　　B : (yo) estar escribiendo / la última parte / el borrador / (tú) lo ver
　　A : ¿Cuál / ser la conclusión?

obra(s) (主に pl.) 工事
obra exterior
　　　　　　外装工事
edificio　建物
hojear
　　　ざっと目を通す
pintura　塗装
pared f.　壁
inauguración f.　開業
corregir　修正する

(2) A : ¿Cómo / ir / las obras?
　　 B : (nosotros) estar terminando / la obra exterior / las fotos del edificio / (usted) las hojear
　　 A : ¿Cuándo / empezar / la pintura de la pared?
(3) A : ¿Qué tal / ir / la preparación de la inauguración?
　　 B : (yo) estar escribiendo / las palabras del presidente / el borrador / (tú) lo corregir
　　 A : ¿Cuántos minutos / poder hablar / el presidente?

 Aplicación 2　80

Escucha los tres diálogos. Completa la siguiente tabla.
これから３つ対話を聞きます。その内容に基づき，次の表の空所に適切な語を日本語で書き入れよう。

Diálogo 対話	¿Quién? / ¿Quiénes? 誰が？	¿Cuándo? いつ	¿Qué hará(n)? 何をする？
(1)	Carla カルラ		
(2)		ahora mismo 今すぐ	
(3)		cuando baje a la cafetería 下のカフェに行くとき	

4　Me dicen que harán un descuento a condición de que compremos cinco unidades.
5個買うという条件で割引をしてくれると言っています。

 DIÁLOGO 4　J : Jessica　V : Víctor　81

ofrecer　申し出る，提供する，オファーする
descuento　割引
a condición de que + 接続法
　　　～という条件で
unidad f.　単位，～個

J : ¿Nos ofrecerán algún descuento?
V : Sí. Me dicen que harán un descuento a condición de que compremos cinco unidades.

 Ejercicio 4

Pregunta y responde como el DIÁLOGO 4 a tus compañeros/ras sobre la condición del descuento usando las expresiones de abajo.
次の表現を使って，クラスメートと上のような対話をしよう。

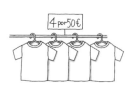

A : Te
B : Me / (yo) comprar / cuatro camisetas

A : Les (a ustedes)
B : Nos / (nosotros) comprar / dos botellas de champú

A : Nos
B : Me / (nosotros) comprar / tres unidades de café

coche de alquiler
　　　　レンタカー
puente *m.*　連休
añadir　追加する
cláusula　条項
estar de acuerdo con
　　　　〜に賛成している
estar en contra de
　　　　〜に反対している
contacto *f.* especial
　　　　特別なコネ（関係）
feria　見本市
Comité *m.* Organizador
　　　　組織委員会

Aplicación 3
82

Escucha los tres diálogos y elige la respuesta correcta.
これから3つ対話を聞きます。次の各選択肢のうち，正しいほうを選ぼう。

Diálogo 1　José va a viajar en [a) coche de alquiler　b) el coche de la chica]
este puente.
José は連休に ［a) レンタカー　b) 女性の車］で旅行する。

Diálogo 2　La Sra. Vázquez está [a) de acuerdo con　b) en contra de] que
Eduardo añada la cláusula en el contrato.
Vázquez さんは Eduardo が契約書に新たな条項を加えることに ［a) 賛同　b)
反対］している。

Diálogo 3　Juana tiene un contacto especial en [a) el Comité Organizador
b) la sección de ventas de entradas] de la feria.
Juana には見本市の ［a) 組織委員会　b) チケット販売部門］に特別なコネがある。

5　Una jornada laboral española　スペインの労働者の1日

ESCUCHA
83

trabajador, -dora *m. f.*
　　　　労働者
agotarse
　　　　へとへとに疲れる
derecho　権利
descansar　休憩する
por eso　そのため
algo ligero
　　　　何か軽いもの
bollo
　　　　菓子パン，甘いパン
bocadillo
　　　　サンドイッチ
reconocer　認識する
relajarse
　　　　リラックスする
charlar
　　　　おしゃべりする
intercambiar
información
　　　　情報交換する
pausa
　　　　休息，休止，中断
suele (< soler)
　　　　〜するのが普通だ
durar　続く
relajado, -da
　　　　リラックスして，
　　　　リフレッシュして
repartido, -da
　　　　分配された

En España, los trabajadores normalmente entran a trabajar a eso de las
nueve y trabajan hasta las dos o las dos y media. Trabajan demasiadas
horas, pero ¿no se agotan? ¿No tendrán hambre? No te preocupes. Los
trabajadores tienen derecho a descansar si trabajan más de seis horas.
Por eso, muchos salen de la oficina a las once para tomar café. Toman
café y comen algo ligero, como bollos o bocadillos. Se dice que la hora
del café es un buen momento para que los trabajadores se relajen,
charlen e intercambien información. Una pausa para el café suele durar
media hora aproximadamente y vuelven relajados al trabajo después de
ella. Cuando termina el trabajo de la "mañana" a las dos o dos y media,
algunos se van a casa y otros van a una cafetería o un bar a comer. Los
que tienen trabajo por la tarde, vuelven a su trabajo a las cuatro o las
cinco y salen después de trabajar unas horas más. Este tipo de jornada
de trabajo se denomina jornada completa y su límite es de 40 horas
semanales repartidas en ocho horas al día.

Ejercicio 5　Lee el texto y haz preguntas sobre él.
上の文章を読み，その内容に関する疑問文をいくつか作ってみよう。

Ejercicio 6　Escribe las respuestas a las preguntas que hiciste en el
Ejercicio 5.
Ejercicio 5 の疑問文に答える文を書いてみよう。

Gramática 10

1. Cuando termine el trabajo, te llamaré.「仕事が終わったら，電話するよ」接続法現在（規則動詞）と未来の時を表す場合の用法
   - cuando ～で未来のことを言う「～したら」「～するとき」→接続法現在

   Cuando *termine* los deberes, te avisaré.　宿題が終わったら，君に知らせるよ。

規則活用

terminar	単数	複数
1人称	termine	terminemos
2人称	termines	terminéis
3人称	termine	terminen

comer	単数	複数
1人称	coma	comamos
2人称	comas	comáis
3人称	coma	coman

escribir	単数	複数
1人称	escriba	escribamos
2人称	escribas	escribáis
3人称	escriba	escriban

llegar	単数	複数
	llegue	lleguemos
	llegues	lleguéis
	llegue	lleguen

-gar, -car で終わる動詞…綴りが変わる。
-gar → -gue　例）apagar (apague), llegar (llegue), pagar (pague)...
-car → -que　例）comunicar (comunique), sacar (saque), tocar (toque)...
Cuando *llegue* María, te llamaré.　マリアが着いたら，電話するよ。

2. Antes de que vuelva tu madre, termina los deberes.「お母さんが帰ってくる前に宿題を済ませなさい」接続法現在（不規則動詞 o → ue, e → ie）
   - antes de que ～（～する前に）もまだ起こっていないことを表すので，接続法を用いる。

   Antes de que *vuelva* la presidenta, tenemos que preparar los documentos.
   社長が帰ってくる前に私たちは書類を準備しなければいけない。

empezar (e → ie)	単数	複数
1人称	empiece	empecemos
2人称	empieces	empecéis
3人称	empiece	empiecen

volver (o → ue)	単数	複数
1人称	vuelva	volvamos
2人称	vuelvas	volváis
3人称	vuelva	vuelvan

querer (e → ie)	単数	複数
1人称	quiera	queramos
2人称	quieras	queráis
3人称	quiera	quieran

empezar など -zar で終わる動詞は z が c に変わるので，綴りに注意。

3. Te he traído este documento para que le eches un vistazo.
   - para que ～（～するために）も接続法を用いる。

   Te compro un libro de Economía para que lo *leas*.
   私は君が読むように君に経済学の本を買ってあげる。

   - a condición de que, con tal de que（～という条件で），a menos que（～でなければ）も接続法を用いる。

   Te compro un libro de Economía a condición de que lo *leas*.
   私は君が読むというのであれば，経済学の本を君に買ってあげる。

   - decir, hacer, poner, salir, traer, conocer など，直説法現在1人称単数の活用形が -go, -zco の動詞…接続法現在→直説法現在1人称単数の活用形をもとに作る。例）decir: diga, digas, diga..., hacer: haga, hagas, haga..., conocer: conozca, conozcas, conozca...

oficina de turismo (Madrid)

oficina de venta de RENFE (Madrid)

área de servicio (Mérida, España)

información turística (Segovia)

puerta de embarque
(aeropuerto de Barcelona El Prat)

1 ¿Hay alguien que sepa francés?

フランス語ができる人は誰かいますか？

saber（接続法現在）	
（不規則動詞）	
sepa	sepamos
sepas	sepáis
sepa	sepan

 DIÁLOGO 1　T : Turista　O : Oficinista
84

T : Hola, ¿hay alguien que sepa francés?

O : Sí, mi compañera que está allí sabe francés. Un momento, por favor.

Ejercicio 1 Usa el DIÁLOGO 1 como modelo y practica utilizando las siguientes expresiones.

上の表現を用いて，○○語が話せる人がいるかどうか聞いてみよう。また，誰が話せるか答えてみよう。

japonés / un amigo mío

inglés / mi hermana

portugués / mi profesor

alemán / aquella señora

2 No hay nadie que tenga información sobre eso.

その件について情報を持っている人は誰もいません。

exposición *f.*　展覧会
cerámica　陶器

tener（接続法現在）	
（不規則動詞）	
tenga	tengamos
tengas	tengáis
tenga	tengan

 DIÁLOGO 2　T : Turista　O : Oficinista
85

T : Oiga, por favor, ¿hay alguien que sepa cuándo empieza la exposición de cerámica mexicana?

O : Un momento... Lo siento, pero no hay nadie que tenga información sobre eso.

Ejercicio 2 Usa el DIÁLOGO 2 como modelo y practica utilizando las siguientes expresiones.

上の会話にならって，いつ何かのイベントが行われるか知っている人がいるどうか聞いてみよう。また，知っている人はいないと答えてみよう。

concurso　コンクール
baile *m.*　ダンス
desfile *m.*　パレード
sorteo　抽選会

Tailandia　タイ
tailandés　タイ語
idioma *m.*　言語
guiar　ガイドする
folleto　パンフレット
agotado, -da
　　　　　品切れの
auditorio
　　　公会堂，ホール
provincial　県立の
adquirir
　　　得る，手に入れる
página web(→ p.9)
equivocación *f.*
　　　　　間違い
coincidir　かち合う
reserva　予約，アポイ
　　　　　ントメント

ser（接続法現在）
　　　　（不規則動詞）

sea	seamos
seas	seáis
sea	sean

poder（接続法現在）
　　　　（不規則動詞）

pued*a*	pod*amos*
pued*as*	pod*áis*
pued*a*	pued*an*

el concierto de violín

el concurso de baile

el desfile de la fiesta

el sorteo

Aplicación 1　86

Escucha los diálogos. Si las siguientes frases son correctas, marca la casilla V. Si no, marca la casilla F.
これからいくつか対話を聞きます。次の各文が正しければ V，間違っていれば F にチェックマーク（✓）を書き入れよう。

V　F

Diálogo 1　No hay ningún guía que sepa tailandés.　□　□
タイ語ができるガイドは誰もいない。

Diálogo 2　El folleto de los pintores de esta zona está agotado.　□　□
この付近の画家を紹介するパンフレットは品切れである。

Diálogo 3　① Los compañeros de trabajo están hablando del concierto de piano.　□　□
同僚たちはピアノのコンサートについて話している。

② Hay asientos libres en la categoría A.　□　□
A 席であれば空席がある。

Diálogo 4　① El vuelo de Barcelona llega a las diez de la mañana.　□　□
バルセロナからの便は 10 時に到着する。

② Rosa dice que Emilio no podrá ir al aeropuerto.　□　□
Rosa は，Emilio は空港に行けないだろうと言っている。

3　Aunque llueva, saldremos de excursión.
雨が降っても，小旅行に出かけます。

DIÁLOGO 3　T : Turista　O : Oficinista　87

preocuparse
　　　　　心配する
excursión *f.*
　　　小旅行，遠足
llueva < llover（接続法
現在）雨が降る

T : Señor, ¿qué va a pasar si llueve mañana?
O : No se preocupe. Aunque llueva, saldremos de excursión.

Ejercicio 3　

Usa el DIÁLOGO 3 como modelo. Pregunta y responde a tus compañeros/ras lo que van a hacer mañana.
上の対話にならって，明日の天気がどのようであったらどうなるか尋ねてみよう。また，そうなっても○○する予定であると言ってみよう。

ir de paseo
散歩に出かける

nevar 雪が降る

hacer viento
風が吹く

hacer sol 太陽が照る, 日差しが強い

pirámide *f.*
ピラミッド

llover /
ir de paseo por la ciudad

nevar /
ir al pueblo

parque *m.* de
atracciones 遊園地

temporada alta
ハイシーズン

haya < hay (接続法現在)

hacer viento /
visitar el jardín

hacer mucho sol /
visitar las pirámides

autobús turístico
観光バス

lógicamente
もっともだ

parada 停留所

organizar 企画する

casco histórico
歴史地区

pronóstico 天気予報

de cualquier modo
いずれにしても

llevar a cabo
実施する

 Aplicación 2

88

Escucha los tres diálogos. Completa la siguiente tabla.
これから3つ対話を聞きます。その内容に基づき, 次の表の空所に適切な語を日本語で書き入れよう。

Diálogo 対話	¿Dónde? どこで？	¿Quién? / ¿Quiénes? 誰が？	¿Qué quiere(n) hacer? 何をしたい？
(1)			
(2)			
(3)			

4 Podemos diseñar el itinerario como usted quiera.

お客様のお好きなように旅程を組むことができますよ。

arte contemporáneo
現代美術

diseñar
組む, 調整する

itinerario 旅程

querer (接続法現在)
(不規則動詞)

quiera   queramos
quieras   queráis
quiera   quieran

jardín *m.* botánico
植物園

casco antiguo
旧市街

 DIÁLOGO 4   T : Turista   O : Oficinista

89

T : Me gustaría visitar el museo de arte contemporáneo.
O : Muy bien. Podemos diseñar el itinerario como usted quiera.

Ejercicio 4

Usa el DIÁLOGO 4 como modelo y practica utilizando las siguientes expresiones.
上の会話にならって, 次の表現を使って行きたい場所を伝えてみよう。

el parque de atracciones

el jardín botánico

el casco antiguo

catedral *f.*
　カテドラル，大聖堂
mercado　市場
mirador *m.*　展望台

la catedral

el mercado

el mirador

participar　参加する
bono　クーポン券
reducido, -da　割引の
descuento　割引
comida tradicional
　　　伝統的な食事
recomendable
　　　推薦できる
recomendado, -da
　推薦された，お勧めの
esquina　角
cuando pueda
　　　できるときに
mostrador *m.*
　　　カウンター
artesanía　民芸品

 Aplicación 3
90

Escucha los cinco diálogos y elige la respuesta correcta.
これから5つ対話を聞きます。次の各選択肢のうち，正しいほうを選ぼう。

Diálogo 1　El cliente quiere visitar el [a) jardín botánico　b) mirador].
客は［a) 植物園　b) 展望台］を訪ねたい。

Diálogo 2　Hay [a) un número limitado　b) descuento] para el bono para entrar en algunos museos.
複数の美術館に入るための入場券は[a) 販売数が限られている　b) 割引がある]。

Diálogo 3　El restaurante recomendado está [a) en la esquina　b) a la izquierda].
地元の料理を食べるのにおすすめのレストランは［a) その角　b) 左側］にある。

Diálogo 4　El folleto del bus turístico está en [a) la estantería　b) el mostrador].
観光バスのパンフレットは［a) 棚　b) カウンター］にある。

Diálogo 5　El turista quiere comprar [a) artesanía　b) cerámica].
観光客は［a) 民芸品　b) 陶器］を買いたいと思っている。

5　Un folleto de un bus turístico　観光バス案内のパンフレット

 ESCUCHA
91

¡Itinerarios perfectos para conocer Madrid!

En *Turismo Madrid* te ofrecemos varios itinerarios perfectos para conocer Madrid.

1) Madrid central: Palacio Real - Plaza de España - Gran Vía - Plaza de Cibeles - Puerta de Alcalá - Parque del Retiro
2) Madrid contemporáneo: Plaza de Castilla - Estadio Santiago Bernabéu - AZCA - Plaza de Colón - Estación Puerta de Atocha
3) Madrid divertido: Plaza de España - Estación Príncipe Pío - Lago de la Casa de Campo - Parque de Atracciones - Parque Zoológico

Una vez comprado el billete, puedes viajar en cualquiera de estas rutas: ¡donde quieras, cuando quieras! Sube y baja cuantas veces quieras. No hay nadie que resista la tentación. ¿Por qué no viajas con nosotros? Consigue más información y tu billete en las oficinas de turismo. ¡Te esperamos!

---

ofrecer　提供する
una vez
　　　一度～したら
resistir
　あらがう，抵抗する
tentación *f.*　誘惑
conseguir　得る

Ejercicio 5
Lee el folleto y comprueba en Internet las rutas en el mapa de Madrid.
上のパンフレットを読み，インターネットなどでマドリードの地図を見ながらルートを確認してみよう。

Ejercicio 6
Usa el folleto como modelo y escribe un pequeño texto con una ruta turística de alguna ciudad que conozcas.
上のパンフレットの文を参考に，自分の知っている町の観光コースを紹介する文を書いてみよう。

Gramática 11

1. 先行詞＋関係詞＋接続法

先行詞が不確定なものの場合，関係詞の後の動詞は接続法になる。

Estoy buscando una novela que *sea* divertida.　私は楽しそうな小説を探している。

（まだそういう小説は見つかっていない＝不確定）

¿Hay alguien que *toque* la guitarra?　ギターを弾く人は誰かいますか？

（ギターを弾く人がいるかどうかはわからない＝不確定）

先行詞が否定を表すような場合も，関係詞の後の動詞は接続法になる。

No tengo ninguna novela que *sea* divertida.

私は楽しい小説は一つも持っていない。

（そういう小説はない＝否定）

No hay nadie que *toque* la guitarra.　ギターを弾く人は誰もいません。

（ギターを弾く人はいない＝否定）

2. aunque ＋接続法　「〜だとしても」

Aunque *esté* ocupado, iré a Madrid.　忙しかったとしても，私はマドリードに行く。

（忙しいかどうかはわからないが，忙しい場合でも，マドリードに行く）

※〈aunque + 直説法〉の場合，「（実際）〜ではあるが」という意味になる。

Aunque *estoy* ocupado, iré a Madrid.　忙しいが，私はマドリードに行く。

（実際に忙しいが，それでもマドリードに行く）

3. como quiera (cuando quiera, donde quiera)　「好きなように」（好きなときに，好きな場所で）

Podéis usar estos instrumentos *como queráis*.

君たちはこれらの道具を好きなように使っていいですよ。

Pasen por aquí *cuando quieran*.

あなた方はいつでも好きなときにここに寄ってくださいね。

Puedes sentarte *donde quieras*.　君は好きな場所に座っていいですよ。

※ querer は主語に応じて活用する。

mostrador

caldo

cortado

tarta de fresa

churros con chocolate

bocadillo de lomo

1 Me dijo que pasara por esta cafetería esta tarde.

彼は今日の午後このカフェに立ち寄るようにと私に言いました。

 DIÁLOGO 1 R : Rodrigo E : Eri
92

> R : Anda, Eri, ¡tú por aquí! ¿Estás esperando a alguien?
>
> E : Sí, Manuel me dijo que pasara por esta cafetería esta tarde.

Ejercicio 1 Usa el DIÁLOGO 1 como modelo y practica utilizando las siguientes expresiones.
上の対話にならって，偶然出会った人に声をかけてみよう。また，そこにいるよう誰に言われたか答えてみよう。

会った人	Makoto
会った場所	librería
言われた人	Elena

会った人	Susana
会った場所	panadería
言われた人	Juan

会った人	Roberto
会った場所	heladería
言われた人	Kana

会った人	Teresa
会った場所	hamburguesería
言われた人	Guillermo

2 Me gustaría que me recomendaras algo.

何か私におすすめしてくれないかな。

 DIÁLOGO 2 E : Eri M : Manuel
93

> E : Oye, Manuel, aquí hay muchísima variedad de bebidas y dulces, ¿verdad? Me gustaría que me recomendaras algo.
>
> M : Pues... te recomendaría la tarta de chocolate.

Ejercicio 2 Practica como el DIÁLOGO 2, utilizando las siguientes expresiones.
上の対話にならって，おすすめは何か聞いてみよう。また，イラストにしたがって，おすすめのものを答えてみよう。

左欄（語注）

anda　おやおや
¡Tú por aquí!　あなたにこんなところで会うなんて！

pasar（接続法過去）（規則動詞）	
pasara	pasáramos
pasaras	pasarais
pasara	pasaran

librería　本屋
panadería　パン屋
heladería　アイスクリーム屋
hamburguesería　ハンバーガーショップ

bebida　飲み物
dulce m.（主に pl.）　スイーツ
recomendar　おすすめする

tarta de fresa
　　　イチゴのタルト
sorbete *m.* de limón
　レモンのシャーベット
batido de yogur
　ヨーグルトのシェーク
flan *m.*　プリン
nata　クリーム

como siempre
　　　いつものように

　　venir（接続法過去）
　　　　（不規則動詞）
viniera　　viniéramos
vinieras　　vinierais
viniera　　vinieran

pinta　　　外観，様相
¡Qué buena pinta!
　　　　おいしそう！

　　recomendar（過去未来）
　　　　（規則動詞）
recomendaría　recomendaríamos
recomendarías　recomendaríais
recomendaría　recomendarían

queso　チーズ
chocolate *m.*
　　　　チョコレート
naranja　オレンジ
picar　つまむ
varios tipos de...
　　　　いろいろな…
tapa　おつまみ
patatas bravas　パタ
　タス・ブラバス（ピリ
　辛の味付けの揚げた
　ジャガイモ料理）

tener tiempo
　　　　時間がある

　　tener（接続法過去）
　　　　（不規則動詞）
tuviera　　tuviéramos
tuvieras　　tuvierais
tuviera　　tuvieran

la tarta de fresa

el sorbete de limón

el batido de yogur

el flan con nata

94

Aplicación 1

Escucha los diálogos. Si las frases siguientes son correctas, marca la casilla V. Si no, marca la casilla F.
これから対話を聞きます。次の各文が正しければ V，間違っていれば F にチェックマーク（✓）を書き入れよう。

　　　　　　　　　　　　　　　　　　　　　　　V　F

Diálogo 1　Es Julio el que indicó la hora de la cita.　□　□
　　　　　Julio が待ち合わせ時間を指定した。

Diálogo 2　El chico recomienda la tarta de chocolate.　□　□
　　　　　男性はチョコレートのタルトを勧めている。

Diálogo 3　① Cecilia toma solamente un café solo.　□　□
　　　　　　Cecilia はエスプレッソだけ飲む。

　　　　　② Cecilia pidió un sorbete de limón.　□　□
　　　　　　Cecilia はレモンシャーベットを頼んだ。

Diálogo 4　① Sergio tiene un poco de hambre.　□　□
　　　　　　Sergio はちょっとお腹がすいている。

　　　　　② Sergio recomienda tapas con patatas.　□　□
　　　　　　Sergio のおすすめはジャガイモを使ったおつまみである。

3　Si tuviera más tiempo, viajaría otra vez a España.
もっと時間があったら，またスペインに旅行に行くのに。

95

DIÁLOGO 3　M : Manuel　E : Eri

M : Eri, ¿ya conoces España?
E : Sí, pero solo he ido una vez. Si tuviera más
**　tiempo, viajaría otra vez a España.**

Ejercicio 3　

Usa el DIÁLOGO 3 como modelo. Pregunta a tu compañero/ra si conoce cada lugar. Después responde a sus preguntas.
上の対話にならって，どこかに行ったことがあるかどうか尋ねてみよう。
それに対し，「○○だったら△△するだろうに」と答えてみよう。

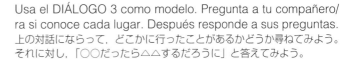

México /
tener dinero

París /
saber hablar francés

Hawái /
poder reservar el vuelo

Singapur /
ir con mi amiga Raquel

reservar　予約する
vuelo　フライト，便

al extranjero　海外に
espacio　宇宙
Luna　月
Tierra　地球

poder（接続法過去）
　　　　（不規則動詞）

pudiera	pudiéramos
pudieras	pudierais
pudiera	pudieran

poder（過去未来）
　　　　（不規則動詞）

podría	podríamos
podrías	podríais
podría	podrían

 Aplicación 2　96

Escucha los tres diálogos. Completa la siguiente tabla.
これから3つ対話を聞きます。その内容に基づき，次の表の空所に適切な語を日本語で書き入れよう。

Diálogo 対話	¿Si...? もし○○したら？	¿Adónde? どこへ？	¿Qué iría a hacer? 何をしに行く？
(1)			
(2)			
(3)			

4　Si hubiera visto la página web, me habría dado cuenta de las rebajas.

そのウェブページを見ていたら，値引きに気付いていたでしょうに。

DIÁLOGO 4　97　　M：Manuel　E：Eri

M：¿Sabes? Hay un plan interesante en la página web de la agencia de viajes Águilas.
E：¿Ah, sí? No lo sabía. Si hubiera visto la página web, me habría dado cuenta de las rebajas.

haber（接続法過去）
　　　　（不規則動詞）

hubiera	hubiéramos
hubieras	hubierais
hubiera	hubieran

haber（過去未来）
　　　　（不規則動詞）

habría	habríamos
habrías	habríais
habría	habrían

página web（→ p.9）
agencia de viajes
　　　　旅行代理店
darse cuenta de
　　　　～に気付く
rebajas
　　　　値引き，バーゲン

Ejercicio 4

Di oraciones de hipótesis como el DIÁLOGO 4, utilizando las siguientes expresiones.
上の会話にならって，次の表現を使って「○○していたら△△だっただろうに」と言ってみよう。

ir al parque /
ver a Juan

pasar por la librería /
comprar el libro

leer la revista /
encontrar otro trabajo

ir a la cafetería /
comer la tarta

darse cuenta de la llamada /
contestar

levantarse temprano /
ir a pescar

aprobar　合格する
suspender　落第する
sorprendentemente
　　　　　驚くほど
fatal　ひどい，最悪の

cola　列
de antemano
　　　　　前もって

sin falta　きっと，間
違いなく，確かに

　　poner(接続法過去)
　　　　　(不規則動詞)
pusiera　pusiéramos
pusieras　pusierais
pusiera　pusieran

cajón *m.*　引き出し

　Aplicación 3

98

Escucha los cinco diálogos y elige la respuesta correcta.
これから5つ対話を聞きます。次の各選択肢のうち，正しいほうを選
ぼう。

Diálogo 1　El hijo [a) aprobó　b) suspendió] el examen.
息子は試験に［a) 合格した　b) 落第した］。

Diálogo 2　Tienen que hacer la cola [a) si no han comprado　b) aunque hayan comprado]
de antemano la entrada.
入場券をあらかじめ［a) 買わないと　b) 買っておいても］，列に並ばなくてはならない。

Diálogo 3　El chico habría [a) vendido　b) comprado] el jersey en la página web de una tienda.
男性はセーターをネットショップのサイトで［a) 売った　b) 買った］ことだろう。

Diálogo 4　La medicina está en el [a) armario　b) cajón].
薬は［a) キャビネット　b) 引き出し］にある。

Diálogo 5　El director no envía la respuesta porque [a) no le enviaron　b) no leyó] el mensaje.
所長が返事を送ってこないのは，メールを［a) 所長に送っていない　b) 所長が読んでいない］からである。

5　Un anuncio en la cafetería　カフェの求人広告

　ESCUCHA

99

actual　現在の

> **¿Por qué no trabajas con nosotros? Si no estás satisfecho con tu trabajo actual, aquí es donde tienes que venir.**
>
> En *Cafetería Oriental* necesitamos :
>
> 1) Camareros / Camareras
> 2) Cocineros / Cocineras
> 3) Limpiadores / Limpiadoras
>
> Es preferible tener experiencia.
> Contacta con nosotros a través de las redes sociales, la página web o el e-mail (info@cafeteria_oriental.com).

---

preferible　望ましい
contactar con
　　　　　～と連絡を取る
a través de
　　　　　～を通して

Ejercicio 5　

Lee el anuncio y comprueba qué tipo de puestos necesitan cubrir.
上の広告を読み，どんな人を求めているのか確認してみよう。

Ejercicio 6　

Escribe algunos anuncios solicitando cubrir puestos de trabajo para tus tiendas y locales.
上の広告の文を参考に，さまざまな店の求人広告を書いてみよう。

Gramática 12

1. decir que ＋接続法　「〜するように言う」

El profesor nos dice que *escribamos* un informe.

先生は私たちにレポートを書くように言う。

El profesor nos dijo que *escribiéramos* un informe.

先生は私たちにレポートを書くように言った。

※ decir que + 直説法だと，「〜であると言う」の意味。

El profesor nos dice que *escribe* un libro.　先生は私たちに本を書くと言っている。

2. Me gustaría que ＋接続法過去　「私は〜してほしいのですが」

Me gustaría que me *compraras* una tarta de queso.

私にチーズケーキを買ってほしいんだけど。

3. Si ＋接続法過去，過去未来　「もし〜ならば，…だろうに」

Si *estuviera* en España, *visitaría* la Alhambra.

もしスペインにいたら，アルハンブラを訪ねるのだが。

※「Si 接続法過去, 過去未来」の形は，現在の事実に反する仮定の文を作る時に使う。たとえば上の文は，実際にはスペインにはいないので，アルハンブラを訪ねることはできないのだが，もしいたら…という仮定を述べている。

4. Si ＋接続法過去完了，過去未来完了　「もし〜だったなら，…だっただろうに」

Si *hubiera estado* en España entonces, *habría visitado* la Alhambra.

もしそのときスペインにいたら，アルハンブラを訪ねたのだが。

※「Si 接続法過去完了, 過去未来完了」の形は，過去の事実に反する仮定の文を作るときに使う。たとえば上の文は，実際そのときにはスペインにはいなかったので，アルハンブラを訪ねることはできなかったのだが，もしいたら訪ねただろうにという仮定を述べている。

動詞活用表

※青字は不規則な形・部分を示します。
※課は初出の課および主に扱われている課を表します。

現在進行形の作り方　（Lección 1）

estar（現在）＋現在分詞

estar
【現在】

yo	estoy	nosotros / -as	estamos
tú	estás	vosotros / -as	estáis
él / ella / usted	está	ellos / ellas / ustedes	están

現在進行形の活用の例
estudiar
【現在進行形】

yo	estoy estudiando	nosotros / -as	estamos estudiando
tú	estás estudiando	vosotros / -as	estáis estudiando
él / ella / usted	está estudiando	ellos / ellas / ustedes	están estudiando

【現在分詞】

-ar → -ando 　　（例）estudiar → estudiando
-er, -ir → -iendo 　　comer → comiendo
　　vivir → viviendo

※不規則な現在分詞
（例）pedir → pidiendo
　　dormir → durmiendo
　　leer → leyendo

necesitar (Lección 1)
【直説法未来・規則活用】

yo	necesitaré	nosotros / -as	necesitaremos
tú	necesitarás	vosotros / -as	necesitaréis
él / ella / usted	necesitará	ellos / ellas / ustedes	necesitarán

querer (Lección 1)
【直説法未来・不規則活用】

yo	querré	nosotros / -as	querremos
tú	querrás	vosotros / -as	querréis
él / ella / usted	querrá	ellos / ellas / ustedes	querrán

同様のパターンの動詞：poder (podr-)

venir (Lección 1)
【直説法未来・不規則活用】

yo	vendré	nosotros / -as	vendremos
tú	vendrás	vosotros / -as	vendréis
él / ella / usted	vendrá	ellos / ellas / ustedes	vendrán

同様のパターンの動詞：poner (pondr-), salir (saldr-), tener (tendr-)

hacer (Lección 1)
【直説法未来・不規則活用】

yo	haré	nosotros / -as	haremos
tú	harás	vosotros / -as	haréis
él / ella / usted	hará	ellos / ellas / ustedes	harán

decir (Lección 1)
【直説法未来・不規則活用】

yo	diré	nosotros / -as	diremos
tú	dirás	vosotros / -as	diréis
él / ella / usted	dirá	ellos / ellas / ustedes	dirán

cantar (Lección 2)
【直説法点過去・規則活用】

yo	cant**é**	nosotros / -as	cant**amos**
tú	cant**aste**	vosotros / -as	cant**asteis**
él / ella / usted	cant**ó**	ellos / ellas / ustedes	cant**aron**

comer (Lección 2)
【直説法点過去・規則活用】

yo	com**í**	nosotros / -as	com**imos**
tú	com**iste**	vosotros / -as	com**isteis**
él / ella / usted	com**ió**	ellos / ellas / ustedes	com**ieron**

aplaudir (Lección 2)
【直説法点過去・規則活用】

yo	aplaud**í**	nosotros / -as	aplaud**imos**
tú	aplaud**iste**	vosotros / -as	aplaud**isteis**
él / ella / usted	aplaud**ió**	ellos / ellas / ustedes	aplaud**ieron**

ver
【直説法点過去・アクセント記号が書かれない動詞】

yo	**vi**	nosotros / -as	**vimos**
tú	**viste**	vosotros / -as	**visteis**
él / ella / usted	**vio**	ellos / ellas / ustedes	**vieron**

tocar (Lección 2, 3)
【直説法点過去・綴りかえの起こる動詞】

yo	to**qué**	nosotros / -as	toc**amos**
tú	toc**aste**	vosotros / -as	toc**asteis**
él / ella / usted	toc**ó**	ellos / ellas / ustedes	toc**aron**

同様のパターンの動詞：sacar (sa**qué**)

jugar (Lección 3)
【直説法点過去・綴りかえの起こる動詞】

yo	ju**gué**	nosotros / -as	jug**amos**
tú	jug**aste**	vosotros / -as	jug**asteis**
él / ella / usted	jug**ó**	ellos / ellas / ustedes	jug**aron**

同様のパターンの動詞：pagar (pa**gué**)

poner (Lección 2)
【直説法点過去・不規則活用（すべての人称に対して語幹が不規則になる動詞）】

yo	pus**e**	nosotros / -as	pus**imos**
tú	pus**iste**	vosotros / -as	pus**isteis**
él / ella / usted	pus**o**	ellos / ellas / ustedes	pus**ieron**

同様のパターンの動詞：componer (**compus-**), estar (**estuv-**), poder (**pud-**), saber (**sup-**), tener (**tuv-**)

※このパターンの動詞では，1人称単数および3人称単数の活用語尾にアクセントが置かれない点に注意しましょう。

querer (Lección 2)
【直説法点過去・不規則活用（すべての人称に対して語幹が不規則になる動詞）】

yo	quis**e**	nosotros / -as	quis**imos**
tú	quis**iste**	vosotros / -as	quis**isteis**
él / ella / usted	quis**o**	ellos / ellas / ustedes	quis**ieron**

同様のパターンの動詞：venir (**vin-**)

※このパターンの動詞では，1人称単数および3人称単数の活用語尾にアクセントが置かれない点に注意しましょう。

hacer (Lección 2)
【直説法点過去・不規則活用（すべての人称に対して語幹が不規則になる動詞）】

yo	hic**e**	nosotros / -as	hic**imos**
tú	hic**iste**	vosotros / -as	hic**isteis**
él / ella / usted	hi**zo**	ellos / ellas / ustedes	hic**ieron**

※ hacer の点過去では，1人称単数および3人称単数の活用語尾にアクセントが置かれない点および3人称単数で c から z に綴りかえが起こる点に注意しましょう。

traducir (Lección 2)
【直説法点過去・不規則活用（すべての人称に対して語幹が不規則になる動詞）】

yo	traduj**e**	nosotros / -as	traduj**imos**
tú	traduj**iste**	vosotros / -as	traduj**isteis**
él / ella / usted	traduj**o**	ellos / ellas / ustedes	traduj**eron**

同様のパターンの動詞：conducir (**conduj-**), decir (**dij-**), introducir (**introduj-**), traer (**traj-**)

※このパターンの動詞では，1人称単数および3人称単数の活用語尾にアクセントが置かれない点および3人称複数の語尾が -ieron ではなく，-eron となる点に注意しましょう。

pedir (Lección 3)
【直説法点過去・不規則活用（3人称に対して語幹が不規則になる動詞）】

yo	**ped*í***	nosotros / -as	**ped*imos***
tú	**ped*iste***	vosotros / -as	**ped*isteis***
él / ella / usted	**p*i*d*ió***	ellos / ellas / ustedes	**p*i*d*ieron***

同様のパターンの動詞：sentir (s*i*ntió, s*i*ntieron), seguir (s*i*guió, s*i*guieron) など

dormir (Lección 3)
【直説法点過去・不規則活用（3人称に対して語幹が不規則になる動詞）】

yo	**dorm*í***	nosotros / -as	**dorm*imos***
tú	**dorm*iste***	vosotros / -as	**dorm*isteis***
él / ella / usted	**d*u*rm*ió***	ellos / ellas / ustedes	**d*u*rm*ieron***

同様のパターンの動詞：morir (m*u*rió, m*u*rieron)

caerse (Lección 3)
【直説法点過去・不規則活用（3人称に対して語幹が不規則になる動詞）】

yo	**me ca*í***	nosotros / -as	**nos ca*ímos***
tú	**te ca*íste***	vosotros / -as	**os ca*ísteis***
él / ella / usted	**se ca*y*ó**	ellos / ellas / ustedes	**se ca*y*eron**

同様のパターンの動詞：construir (constru*y*ó, constru*y*eron), leer (le*y*ó, le*y*eron), oír (o*y*ó, o*y*eron) など

ir / ser (Lección 2)
【直説法点過去・不規則活用（まったく不規則な活用をする動詞）】

yo	fui	nosotros / -as	fuimos
tú	fuiste	vosotros / -as	fuisteis
él / ella / usted	fue	ellos / ellas / ustedes	fueron

※点過去ではこの2つの動詞は同じ活用になります。

dar
【直説法点過去・不規則活用（まったく不規則な活用をする動詞）】

yo	di	nosotros / -as	dimos
tú	diste	vosotros / -as	disteis
él / ella / usted	dio	ellos / ellas / ustedes	dieron

trabajar (Lección 4)
【直説法線過去・規則活用】

yo	**trabaj*aba***	nosotros / -as	**trabaj*ábamos***
tú	**trabaj*abas***	vosotros / -as	**trabaj*abais***
él / ella / usted	**trabaj*aba***	ellos / ellas / ustedes	**trabaj*aban***

querer (Lección 4)
【直説法線過去・規則活用】

yo	**quer*ía***	nosotros / -as	**quer*íamos***
tú	**quer*ías***	vosotros / -as	**quer*íais***
él / ella / usted	**quer*ía***	ellos / ellas / ustedes	**quer*ían***

vivir (Lección 4)
【直説法線過去・規則活用】

yo	**viv*ía***	nosotros / -as	**viv*íamos***
tú	**viv*ías***	vosotros / -as	**viv*íais***
él / ella / usted	**viv*ía***	ellos / ellas / ustedes	**viv*ían***

ser (Lección 4)
【直説法線過去・不規則活用】

yo	era	nosotros / -as	éramos
tú	eras	vosotros / -as	erais
él / ella / usted	era	ellos / ellas / ustedes	eran

ir
【直説法線過去・不規則活用】

yo	iba	nosotros / -as	íbamos
tú	ibas	vosotros / -as	ibais
él / ella / usted	iba	ellos / ellas / ustedes	iban

ver
【直説法線過去・不規則活用】

yo	veía	nosotros / -as	veíamos
tú	veías	vosotros / -as	veíais
él / ella / usted	veía	ellos / ellas / ustedes	veían

過去完了の作り方 （Lección 5）

> haber（線過去）＋過去分詞

haber (Lección 5)
【直説法線過去・規則活用】

yo	hab**ía**	nosotros / -as	hab**íamos**
tú	hab**ías**	vosotros / -as	hab**íais**
él / ella / usted	hab**ía**	ellos / ellas / ustedes	hab**ían**

【過去分詞】

-ar → -ado　　　（例）estudi**ar** → estudi**ado**
-er, -ir → -ido　　　　　aprend**er** → aprend**ido**
　　　　　　　　　　　　　　viv**ir** → viv**ido**

　　　　　　　※　不規則な過去分詞
　　　　　　　（例）ver → visto
　　　　　　　　　　escribir → escrito

未来完了の作り方 （Lección 5）

> haber（未来）＋過去分詞

haber (Lección 5)
【直説法未来・不規則活用】

yo	habr**é**	nosotros / -as	habr**emos**
tú	habr**ás**	vosotros / -as	habr**éis**
él / ella / usted	habr**á**	ellos / ellas / ustedes	habr**án**

【過去分詞】 → 上記参照

tocar (Lección 6)
【直説法過去未来・規則活用】

yo	**tocaría**	nosotros / -as	**tocaríamos**
tú	**tocarías**	vosotros / -as	**tocaríais**
él / ella / usted	**tocaría**	ellos / ellas / ustedes	**tocarían**

querer (Lección 6)
【直説法過去未来・不規則活用】

yo	quer**ría**	nosotros / -as	quer**ríamos**
tú	quer**rías**	vosotros / -as	quer**ríais**
él / ella / usted	quer**ría**	ellos / ellas / ustedes	quer**rían**

同様のパターンの動詞：poder (**podr-**)

haber (Lección 5)
【直説法点過去・不規則活用】

yo	hube	nosotros / -as	hubimos
tú	hubiste	vosotros / -as	hubisteis
él / ella / usted	hubo	ellos / ellas / ustedes	hubieron

過去完了の活用の例
estudiar
【直説法過去完了】

yo	**había estudiado**	nosotros / -as	**habíamos estudiado**
tú	**habías estudiado**	vosotros / -as	**habíais estudiado**
él / ella / usted	**había estudiado**	ellos / ellas / ustedes	**habían estudiado**

未来完了の活用の例
estudiar
【直説法未来完了】

yo	**habré estudiado**	nosotros / -as	**habremos estudiado**
tú	**habrás estudiado**	vosotros / -as	**habréis estudiado**
él / ella / usted	**habrá estudiado**	ellos / ellas / ustedes	**habrán estudiado**

venir (Lección 6)
【直説法過去未来・不規則活用】

yo	vendr**ía**	nosotros / -as	vendr**íamos**
tú	vendr**ías**	vosotros / -as	vendr**íais**
él / ella / usted	vendr**ía**	ellos / ellas / ustedes	vendr**ían**

同様のパターンの動詞：poner (**pondr-**), salir (**saldr-**), tener (**tendr-**)

hacer (Lección 6)
【直説法過去未来・不規則活用】

yo	har*ía*	nosotros / -as	har*íamos*
tú	har*ías*	vosotros / -as	har*íais*
él / ella / usted	har*ía*	ellos / ellas / ustedes	har*ían*

decir (Lección 6)
【直説法過去未来・不規則活用】

yo	dir*ía*	nosotros / -as	dir*íamos*
tú	dir*ías*	vosotros / -as	dir*íais*
él / ella / usted	dir*ía*	ellos / ellas / ustedes	dir*ían*

※直説法未来で不規則になる動詞は，直説法過去未来でも同様のパターンで不規則になります。

肯定命令 （Lección 7）
【規則活用】
-ar 動詞　dejar

yo		nosotros / -as	dej*emos*
tú	dej*a*	vosotros / -as	dej*ad*
usted	dej*e*	ustedes	dej*en*

※ 1 人称単数 (yo) に対する命令形はありません
※ 1 人称複数 (nosotros / -as) に対する命令形は「～しましょう」のような誘いかけの意味になります。

-ar 動詞　levantarse （再帰動詞）

yo		nosotros / -as	levant*émonos*
tú	levánt*ate*	vosotros / -as	levant*aos*
usted	levánt*ese*	ustedes	levánt*ense*

※再帰動詞の肯定命令では，再帰代名詞を命令形の後に直接一語として続けてつづります。
※ 1 人称複数 (nosotros / -as) の命令形の語末の s および 2 人称複数 （vosotros / -as）の命令形の語末の d は脱落します。

-er 動詞　comer

yo		nosotros / -as	com*amos*
tú	com*e*	vosotros / -as	com*ed*
usted	com*a*	ustedes	com*an*

-ir 動詞　abrir

yo		nosotros / -as	abr*amos*
tú	abr*e*	vosotros / -as	abr*id*
usted	abr*a*	ustedes	abr*an*

【不規則活用】
(1) 語幹母音変化動詞 （-ar 動詞 , -er 動詞）
contar

yo		nosotros / -as	cont*emos*
tú	cu*e*nt*a*	vosotros / -as	cont*ad*
usted	cu*e*nt*e*	ustedes	cu*e*nt*en*

encender

yo		nosotros / -as	encend*amos*
tú	enci*e*nd*e*	vosotros / -as	encend*ed*
usted	enci*e*nd*a*	ustedes	enci*e*nd*an*

※ -ar 動詞や -er 動詞の語幹母音変化動詞では，現在形と同じところで語幹母音変化が起こります。

(2) 語幹母音変化動詞 （-ir 動詞）
pedir

yo		nosotros / -as	p*i*d*amos*
tú	p*i*d*e*	vosotros / -as	ped*id*
usted	p*i*d*a*	ustedes	p*i*d*an*

※ -ar 動詞や -er 動詞の語幹母音変化動詞では，現在形と同じところに加え，1 人称複数 （nosotros/-as）でも語幹母音変化が起こります。

(3) その他の主な不規則動詞
decir

yo		nosotros / -as	digamos
tú	di	vosotros / -as	dec*id*
él / ella / usted	diga	ellos / ellas / ustedes	digan

hacer

yo		nosotros / -as	hagamos
tú	haz	vosotros / -as	hac*ed*
él / ella / usted	haga	ellos / ellas / ustedes	hagan

poner

yo		nosotros / -as	pongamos
tú	pon	vosotros / -as	pon**ed**
él / ella / usted	ponga	ellos / ellas / ustedes	pongan

salir

yo		nosotros / -as	salgamos
tú	sal	vosotros / -as	sal**id**
él / ella / usted	salga	ellos / ellas / ustedes	salgan

tener

yo		nosotros / -as	tengamos
tú	ten	vosotros / -as	ten**ed**
él / ella / usted	tenga	ellos / ellas / ustedes	tengan

venir

yo		nosotros / -as	vengamos
tú	ven	vosotros / -as	ven**id**
él / ella / usted	venga	ellos / ellas / ustedes	vengan

ser

yo		nosotros / -as	seamos
tú	sé	vosotros / -as	s**ed**
él / ella / usted	sea	ellos / ellas / ustedes	sean

ir

yo		nosotros / -as	vayamos
tú	ve	vosotros / -as	**id**
él / ella / usted	vaya	ellos / ellas / ustedes	vayan

否定命令 （Lección 7）
【規則活用】
-ar 動詞　dejar

yo		nosotros / -as	no dej**emos**
tú	no dej**es**	vosotros / -as	no dej**éis**
usted	no dej**e**	ustedes	no dej**en**

-ar 動詞　preocuparse（再帰動詞）

yo		nosotros / -as	no nos preocup**emos**
tú	no te preocup**es**	vosotros / -as	no os preocup**éis**
usted	no se preocup**e**	ustedes	no se preocup**en**

※ 1 人称単数 (yo) に対する命令形はありません。
※ 1 人称複数 (nosotros / -as) に対する否定命令は「～する
　のはやめましょう」のような意味になります。
※否定命令は接続法現在の活用と同じ形の動詞の前に no を付
　けた形式になります。

※再帰動詞の否定命令では，肯定命令と異なり，再帰代名詞
　は動詞の前に置きます。

-er 動詞　comer

yo		nosotros / -as	no com**amos**
tú	no com**as**	vosotros / -as	no com**áis**
usted	no com**a**	ustedes	no com**an**

-ir 動詞　abrir

yo		nosotros / -as	no abr**amos**
tú	no abr**as**	vosotros / -as	no abr**áis**
usted	no abr**a**	ustedes	no abr**an**

【不規則活用】
(1) 語幹母音変化動詞（-ar 動詞 , -er 動詞）
contar

yo		nosotros / -as	no cont**emos**
tú	no cu**en**t**es**	vosotros / -as	no cont**éis**
usted	no cu**en**t**e**	ustedes	no cu**en**t**en**

encender

yo		nosotros / -as	no encend**amos**
tú	no enci**en**d**as**	vosotros / -as	no encend**áis**
usted	no enci**en**d**a**	ustedes	no enci**en**d**an**

※ -ar 動詞や -er 動詞の語幹母音変化動詞では，現在形と同じ
　ところで語幹母音変化が起こります。

(2) 語幹母音変化動詞（-ir 動詞）
pedir

yo		nosotros / -as	no p**id**amos
tú	no p**id**as	vosotros / -as	no p**id**áis
usted	no p**id**a	ustedes	no p**id**an

※ -ir 動詞の語幹母音変化動詞では，現在形と同じところに加
　え，1人称複数（nosotros/-as）および2人称複数（vosotros /
　-as）でも語幹母音変化が起こります。

(3) その他の主な不規則動詞

decir

yo		nosotros / -as	no digamos
tú	no digas	vosotros / -as	no digáis
él / ella / usted	no diga	ellos / ellas / ustedes	no digan

hacer

yo		nosotros / -as	no hagamos
tú	no hagas	vosotros / -as	no hagáis
él / ella / usted	no haga	ellos / ellas / ustedes	no hagan

salir

yo		nosotros / -as	no salgamos
tú	no salgas	vosotros / -as	no salgáis
él / ella / usted	no salga	ellos / ellas / ustedes	no salgan

poner

yo		nosotros / -as	no pongamos
tú	no pongas	vosotros / -as	no pongáis
él / ella / usted	no ponga	ellos / ellas / ustedes	no pongan

venir

yo		nosotros / -as	no vengamos
tú	no vengas	vosotros / -as	no vengáis
él / ella / usted	no venga	ellos / ellas / ustedes	no vengan

ser

yo		nosotros / -as	no seamos
tú	no seas	vosotros / -as	no seáis
él / ella / usted	no sea	ellos / ellas / ustedes	no sean

ir

yo		nosotros / -as	no vayamos
tú	no vayas	vosotros / -as	no vayáis
él / ella / usted	no vaya	ellos / ellas / ustedes	no vayan

天候を表す動詞の活用　（Lección 8）

llover

	3人称単数
直説法現在	ll**ue**ve
未来	lloverá
点過去	llovió
線過去	llovía
過去未来	llovería
接続法現在	ll**ue**va

nevar

	3人称単数
直説法現在	n**ie**va
未来	nevará
点過去	nevó
線過去	nevaba
過去未来	nevaría
接続法現在	n**ie**ve

chispear

	3人称単数
直説法現在	chispea
未来	chispeará
点過去	chipeó
線過去	chispeaba
過去未来	chispearía
接続法現在	chispee

※天候を表す動詞は3人称単数のみで活用します。

接続法現在 (Lección 9, 10, 11)
【規則活用】
-ar 動詞　terminar

yo	termine	nosotros / -as	terminemos
tú	termines	vosotros / -as	terminéis
usted	termine	ustedes	terminen

-ar 動詞　preocuparse（再帰動詞）

yo	me preocupe	nosotros / -as	nos preocupemos
tú	te preocupes	vosotros / -as	os preocupéis
usted	se preocupe	ustedes	se preocupen

※接続法現在の活用は，否定命令と同じ形（ただし，no は取り除く）になります。

-er 動詞　comer

yo	coma	nosotros / -as	comamos
tú	comas	vosotros / -as	comáis
usted	coma	ustedes	coman

-ir 動詞　cubrir

yo	cubra	nosotros / -as	cubramos
tú	cubras	vosotros / -as	cubráis
usted	cubra	ustedes	cubran

【綴りかえの起こる動詞】
-ar 動詞　tocar

yo	toque	nosotros / -as	toquemos
tú	toques	vosotros / -as	toquéis
usted	toque	ustedes	toquen

-ar 動詞　pagar

yo	pague	nosotros / -as	paguemos
tú	pagues	vosotros / -as	paguéis
usted	pague	ustedes	paguen

-ar 動詞　alcanzar

yo	alcance	nosotros / -as	alcancemos
tú	alcances	vosotros / -as	alcancéis
usted	alcance	ustedes	alcancen

※ -car, gar, -zar で終わる動詞は綴りかえが起こるので注意が必要です。

【不規則活用】
(1) 語幹母音変化動詞（-ar 動詞 , -er 動詞）
querer

yo	quiera	nosotros / -as	queramos
tú	quieras	vosotros / -as	queráis
usted	quiera	ustedes	quieran

poder

yo	pueda	nosotros / -as	podamos
tú	puedas	vosotros / -as	podáis
usted	pueda	ustedes	puedan

※ -ar 動詞や -er 動詞の語幹母音変化動詞では，現在形と同じところで語幹母音変化が起こります。

(2) 語幹母音変化動詞（-ir 動詞）
seguir

yo	siga	nosotros / -as	sigamos
tú	sigas	vosotros / -as	sigáis
usted	siga	ustedes	sigan

dormir

yo	duerma	nosotros / -as	durmamos
tú	duermas	vosotros / -as	durmáis
usted	duerma	ustedes	duerman

※ -ir 動詞の語幹母音変化動詞では，現在形と同じところに加え，1 人称複数（nosotros/-as）および 2 人称複数（vosotros / -as）でも語幹母音変化が起こります。

(3) その他の主な不規則動詞

decir

yo	diga	nosotros / -as	digamos
tú	digas	vosotros / -as	digáis
él / ella / usted	diga	ellos / ellas / ustedes	digan

haber

yo	haya	nosotros / -as	hayamos
tú	hayas	vosotros / -as	hayáis
él / ella / usted	haya	ellos / ellas / ustedes	hayan

hacer

yo	haga	nosotros / -as	hagamos
tú	hagas	vosotros / -as	hagáis
él / ella / usted	haga	ellos / ellas / ustedes	hagan

poner

yo	ponga	nosotros / -as	pongamos
tú	pongas	vosotros / -as	pongáis
él / ella / usted	ponga	ellos / ellas / ustedes	pongan

saber

yo	sepa	nosotros / -as	sepamos
tú	sepas	vosotros / -as	sepáis
él / ella / usted	sepa	ellos / ellas / ustedes	sepan

salir

yo	salga	nosotros / -as	salgamos
tú	salgas	vosotros / -as	salgáis
él / ella / usted	salga	ellos / ellas / ustedes	salgan

tener

yo	tenga	nosotros / -as	tengamos
tú	tengas	vosotros / -as	tengáis
él / ella / usted	tenga	ellos / ellas / ustedes	tengan

venir

yo	venga	nosotros / -as	vengamos
tú	vengas	vosotros / -as	vengáis
él / ella / usted	venga	ellos / ellas / ustedes	vengan

ser

yo	sea	nosotros / -as	seamos
tú	seas	vosotros / -as	seáis
él / ella / usted	sea	ellos / ellas / ustedes	sean

ir

yo	vaya	nosotros / -as	vayamos
tú	vayas	vosotros / -as	vayáis
él / ella / usted	vaya	ellos / ellas / ustedes	vayan

【参考】
接続法現在完了の作り方

> haber（接続法現在）＋過去分詞

haber
【接続法現在・不規則活用】

yo	haya	nosotros / -as	hayamos
tú	hayas	vosotros / -as	hayáis
él / ella / usted	haya	ellos / ellas / ustedes	hayan

【**過去分詞**】→ p.76 参照

接続法現在完了の活用の例
estudiar
【接続法現在完了】

yo	**haya estudiado**	nosotros / -as	**hayamos estudiado**
tú	**hayas estudiado**	vosotros / -as	**hayáis estudiado**
él / ella / usted	**haya estudiado**	ellos / ellas / ustedes	**hayan estudiado**

接続法過去 (Lección 12)
【規則活用】
-ar 動詞　pasar（-ra 形）

yo	pas*ara*	nosotros / -as	pas*áramos*
tú	pas*aras*	vosotros / -as	pas*arais*
usted	pas*ara*	ustedes	pas*aran*

-ar 動詞　pasar（-se 形）

yo	pas*ase*	nosotros / -as	pas*ásemos*
tú	pas*ases*	vosotros / -as	pas*aseis*
usted	pas*ase*	ustedes	pas*asen*

※以下，-ra 形のみ示します。

-er 動詞　suspender

yo	suspend*iera*	nosotros / -as	suspend*iéramos*
tú	suspend*ieras*	vosotros / -as	suspend*ierais*
usted	suspend*iera*	ustedes	suspend*ieran*

-ir 動詞　vivir

yo	viv*iera*	nosotros / -as	viv*iéramos*
tú	viv*ieras*	vosotros / -as	viv*ierais*
usted	viv*iera*	ustedes	viv*ieran*

※接続法過去の活用は，直説法点過去 3 人称複数の形から語尾の ron を取り，-ra, -ras, -ra, -ramos, -rais, -ran を付けて作ります。1 人称複数（nosotros / -as）のアクセント位置に注意しましょう。

【不規則活用】
poner (Lección 12)
【接続法過去・不規則活用】

yo	pus*iera*	nosotros / -as	pus*iéramos*
tú	pus*ieras*	vosotros / -as	pus*ierais*
él / ella / usted	pus*iera*	ellos / ellas / ustedes	pus*ieran*

同様のパターンの動詞：componer (compus-), estar (estuv-), poder (pud-), saber (sup-), tener (tuv-)

querer (Lección 12)
【接続法過去・不規則活用】

yo	quis*iera*	nosotros / -as	quis*iéramos*
tú	quis*ieras*	vosotros / -as	quis*ierais*
él / ella / usted	quis*iera*	ellos / ellas / ustedes	quis*ieran*

同様のパターンの動詞：venir (vin-)

hacer (Lección 12)
【接続法過去・不規則活用】

yo	hic*iera*	nosotros / -as	hic*iéramos*
tú	hic*ieras*	vosotros / -as	hic*ierais*
él / ella / usted	hic*iera*	ellos / ellas / ustedes	hic*ieran*

traducir (Lección 12)
【接続法過去・不規則活用】

yo	traduj*era*	nosotros / -as	traduj*éramos*
tú	traduj*eras*	vosotros / -as	traduj*erais*
él / ella / usted	traduj*era*	ellos / ellas / ustedes	traduj*eran*

同様のパターンの動詞：conducir (conduj-), decir (dij-), introducir (introduj-), traer (traj-)
※このパターンの動詞では，活用語尾が -iera 等ではなく，-era 等になる点に注意しましょう。

pedir (Lección 12)
【接続法過去・不規則活用】

yo	pid*iera*	nosotros / -as	pid*iéramos*
tú	pid*ieras*	vosotros / -as	pid*ierais*
él / ella / usted	pid*iera*	ellos / ellas / ustedes	pid*ieran*

同様のパターンの動詞：sentir (sint-), seguir (sigu-) など

dormir (Lección 12)
【接続法過去・不規則活用】

yo	durm*iera*	nosotros / -as	durm*iéramos*
tú	durm*ieras*	vosotros / -as	durm*ierais*
él / ella / usted	durm*iera*	ellos / ellas / ustedes	durm*ieran*

同様のパターンの動詞：morir (mur-)

leer (Lección 12)
【接続法過去・不規則活用】

yo	ley**era**	nosotros / -as	ley**éramos**
tú	ley**eras**	vosotros / -as	ley**erais**
él / ella / usted	ley**era**	ellos / ellas / ustedes	ley**eran**

同様のパターンの動詞：caer (**cay-**), construir (**construy-**), oír (**oy-**) など

ir / ser (Lección 12)
【接続法過去・不規則活用（まったく不規則な活用をする動詞）】

yo	fuera	nosotros / -as	fuéramos
tú	fueras	vosotros / -as	fuerais
él / ella / usted	fuera	ellos / ellas / ustedes	fueran

※接続法過去ではこの2つの動詞は同じ活用になります。

dar
【接続法過去・不規則活用（まったく不規則な活用をする動詞）】

yo	diera	nosotros / -as	diéramos
tú	dieras	vosotros / -as	dierais
él / ella / usted	diera	ellos / ellas / ustedes	dieran

【参考】
接続法過去完了の作り方

haber（接続法過去）＋過去分詞

haber
【接続法過去・不規則活用】

yo	hubiera	nosotros / -as	hubiéramos
tú	hubieras	vosotros / -as	hubierais
él / ella / usted	hubiera	ellos / ellas / ustedes	hubieran

【過去分詞】 → p.76 参照

接続法過去完了の活用の例
estudiar
【接続法過去完了】

yo	**hubiera estudiado**	nosotros / -as	**hubiéramos estudiado**
tú	**hubieras estudiado**	vosotros / -as	**hubierais estudiado**
él / ella / usted	**hubiera estudiado**	ellos / ellas / ustedes	**hubieran estudiado**

語彙集

男性名詞	*m.*	他動詞	*v.t.*	副詞	*adv.*
女性名詞	*f.*	自動詞	*v.i.*	代名詞	*pron.*
固有名詞	*n.pr.*	再帰動詞	*v.ref.*	接続詞	*conj.*
複数形	*pl.*	所有形容詞	*a.pos.*	間投詞	*interj.*
疑問詞	*int.*	形容詞	*a.*	連語，表現	*

A

abogado/da	*m./f.*	弁護士
abrigarse	*v.ref.*	厚着する
abuelo/la	*m./f.*	祖父／祖母
ácaro	*m.*	ダニ
accidente	*m.*	事故
acercarse	*v.ref.*	近付く
actividad	*f.*	活動，アクティビティ
* actividades al aire libre		屋外アクティビティ
actor	*m.*	役者（男性）
actriz	*f.*	役者（女性）
actuación	*f.*	公演，演奏
actual	*a.*	現在の
actualidad	*f.*	現在，現代
* en la actualidad		現在では
acuerdo	*m.*	合意
* estar de acuerdo con		～に賛成している
adecuado/da	*a.*	適している
* además de		～に加えて
adquirir	*v.t.*	得る，手に入れる
agencia	*f.*	エージェント，代理店
* agencia de viajes		旅行代理店
agotado/da	*a.*	売り切れた，品切れの
agotarse	*v.ref.*	へとへとに疲れる
agradable	*a.*	快適な，心地よい
agradablemente	*adv.*	快適なほど，心地よく
* por ahora		今のところ
alcohol	*m.*	酒，アルコール飲料
alcohólico/ca	*a.*	アルコールを含んだ
alegre	*a.*	陽気な
alérgeno	*m.*	アレルゲン
alergia	*f.*	アレルギー
* alergia al polen		花粉症
algo	*pron.*	何か
almacén	*m.*	倉庫
* grandes almacenes		デパート，百貨店
almorzar	*v.i., v.t.*	昼食を取る，昼食に～を食べる
alquiler	*m.*	賃貸
alto	*f.*	アルト（歌手）
amarillo/lla	*a.*	黄色い
ambulancia	*f.*	救急車
análisis	*m.*	分析
* anda	*interj.*	おやおや

andino/na	*a.*	アンデス地方の
anestesiólogo/ga	*m./f.*	麻酔技師
anestesista	*m., f.*	麻酔技師
anoche	*adv.*	昨夜
anotar	*v.t.*	メモをする
* de antemano		前もって，あらかじめ
* antes de + 不定詞		～する前に（主語と同じ動作主が）
* antes de que + 接続法		～する前に（主語と別の動作主が）
antiguo/gua	*a.*	古い
añadir	*v.t.*	追加する
apagar	*v.t.*	消す
apartado	*m.*	スペース，欄
* el apartado "otros"		「その他」欄
aplaudir	*v.t.*	拍手する
aplazarse	*v.ref.*	延期される
aprobar	*v.i., v.t.*	合格する
apuntar	*v.t.*	メモする
* No olvide apuntar.		メモするのを忘れないでください
aquí	*adv.*	ここ
* ¡Tú por aquí!		あなたにこんなところで会うなんて！
arándano	*m.*	ブルーベリー
archivador	*m.*	ファイル
archivar	*v.t.*	ファイルに綴じる
archivo	*m.*	ファイル
área	*f.*	エリア
* área de servicio		サービスエリア
argumento	*m.*	ストーリー，プロット，筋
armario	*m.*	書棚・ロッカー（扉のついた）
arpa	*f.*	ハープ
arrestar	*v.t.*	逮捕する
* ser arrestado/da		逮捕された
arroba	*m.*	アットマーク
* guion bajo	*m.*	アンダーバー
arte	*m.*	美術
* arte contemporáneo		現代美術
artesanía	*f.*	民芸品
articulación	*f.*	関節
asesor/sora	*m./f.*	税理士
atasco	*m.*	渋滞
atracción	*f.*	アトラクション
atractivo/va	*a.*	魅力的な
auditorio	*m.*	公会堂，ホール
aún	*adv.*	まだ
autobús	*m.*	バス

* autobús turístico		観光バス	
avanzar	v.i., v.t.	進む，進める	
avisar	v.t.	知らせる	
Ay, ay.	interj.	あら，まあ	

B

baguette	f.	バゲット
baile	m.	ダンス
bajo	m.	ベース
bajo	m.	バス（歌手）
balada	f.	バラード
banda	f.	バンド
barrio	m.	地区
batería	f.	ドラムセット
batido	m.	シェーク
* batido de yogur		ヨーグルトのシェーク
bebida	f.	飲み物
biblioteca	f.	図書館
* o más bien		むしろ
billete	m.	切符
bocadillo	m.	サンドイッチ，オープンサンド
bocado	m.	噛むこと
* primer bocado		一口目
bollo	f.	菓子パン，甘いパン
bombero/ra	m./f.	消防士
bongó	m.	ボンゴ
bono	m.	クーポン券
borrador	m.	下書き
botánico/ca	a.	植物の
botella	f.	ボトル，瓶
buscar	v.t.	探す
butaca	f.	座席（劇場の）

C

caerse	v.ref.	落下する，転倒する
cajón	m.	カホン（楽器）
cajón	m.	引き出し
caldo	m.	ブイヨン，煮汁
camisa	f.	シャツ
campamento	m.	キャンプ
cancelar	v.t.	キャンセルする
cancelarse	v.ref.	キャンセルされる
Cancún	n.pr.	カンクン
cansado/da	a.	疲れている
cansancio	m.	疲れ
cantante	m., f.	歌手
cantar	v.t., v.i.	歌う
caña	f.	生ビール
caramelo	m.	キャンディー，飴
carrito	m.	荷車
casco	m.	地区
* casco antiguo		旧市街
* casco histórico		歴史地区
caspa	f.	フケ
castaña	f.	栗

castañuelas	f. pl.	カスタネット
* por casualidad		偶然に
catarata	f.	滝
* las Cataratas del Iguazú		
		イグアスの滝
catedral	f.	カテドラル
cepillo	m.	ブラシ
* cepillo de dientes		歯ブラシ
cerámica	f.	陶器
charlar	v.i.	おしゃべりする
chispear	v.i.	小雨が降る
chocolate	m.	チョコレート
churro	m.	チューロ
cinta	f.	ベルト
* cinta transportadora		ベルトコンベア
cinturón	m.	ベルト
* cinturón lumbar		腰痛ベルト
* ponerse el cinturón		ベルトをする
ciprés	m.	スギ
cirujano/na	m./f.	外科医
clarinete	m.	クラリネット
cláusula	f.	条項
cliente	m., f.	クライアント，顧客
clima	m.	気候
cobrar	v.t.	徴収する
coche	m.	車
* coche de alquiler		レンタカー
cocinero/ra	m./f.	料理人，コック
codo	m.	ひじ
coincidir	v.i.	かち合う
cola	f.	列
colegio	m.	学校
comida	f.	料理，食事
* comida tradicional		伝統的な食事
comité	m.	委員会
* comité organizador		組織委員会
* ¡Cómo no!		もちろんだよ！
compañero/ra	m./f.	仲間
* compañero/ra de trabajo		同僚
compañía	f.	会社，企業
componer	v.t.	作曲する
compra	f.	買い物，買収，購入
* salir de compras		買い物に出かける
comprar	v.t.	買う
compresa	f.	ガーゼ，生理用ナプキン
computador	m.	コンピューター
computadora	f.	コンピューター
concierto	m.	コンサート
conclusión	f.	結論
concurso	m.	コンクール
* a condición de que + 接続法		
		〜という条件で
conferencia	f.	講演
* sala de conferencias		講堂
conferenciante	m., f.	講演者

confianza	f.	信頼
conga	f.	コンガ
conseguir	v.t.	得る
consigna	f.	コインロッカー
construirse	v.ref.	建設される
consultar	v.t., v.i.	相談する
contabilidad	f.	経理課
contactar	v.i.	連絡を取る
* contactar con		～と連絡を取る
contacto	m.	コネ，関係
* contacto especial		特別なコネ（関係）
contar	v.t.	語る，話す
contemporáneo/a	a.	現代の
* estar en contra de		～に反対している
contrabajo	m.	コントラバス
contratar	v.t.	契約する
conveniente	a.	便利な
conversación	f.	会話
cordial	a.	心からの
corno	m.	ホルン
coro	m.	合唱，コーラス
corregir	v.t.	修正する
correo	m.	郵便
* correo electrónico		
	m.	電子メール，e メール
* enviar por correo postal		郵送する
cortado	m.	少量のミルクの入ったコーヒー
cosa	f.	こと，物事
* muchas cosas que hacer		たくさんのするべきこと
cosecha	f.	収穫
costo	m.	費用
* costo médico		医療費
crimen	m.	犯罪
cualquiera	a.	あらゆる
cuándo	int.	いつ
* ¿Para cuándo...?		いつまでに…？
cuánto	int.	どのくらい
* ¿Cuántas horas?		何時間…？
cuarteto	m.	四重奏
cubrebocas	m.	マスク
cubrirse	v.ref.	覆われる
cuello	m.	首
cuenta	f.	計算，勘定
* darse cuenta de		～に気付く
cuestionario	m.	アンケート
* cuestionario médico		問診票
cuidarse	v.ref.	気をつける
* Cuídate.		気をつけてね
cumpleañero/ra	m./f.	誕生日を迎える人
cumpleaños	m.	誕生日
* ¡Feliz cumpleaños!		お誕生日おめでとう！

D

dato	m.	データ
deberes	m.pl.	宿題

dedicarse	v.ref.	（仕事に）従事する
dejar	v.t.	置いておく，放っておく
delincuente	m., f.	犯罪者
demasiado	adv.	あまりにも
* los demás		他の人たち
* dentro de + 時間		～後に
derecho	m.	権利
desabrigado/da	a.	薄着の
desafortunadamente		
	adv.	残念なことに，不運にも
descansar	v.i.	休憩する
descuento	m.	割引
* ofrecer descuento		割引を申し出る（オファーする）
desfile	m.	パレード
despacho	m.	オフィス
despejado/da	a.	快晴の
* después de		～の後で
día	m.	日
* al día		一日に
* el otro día		先日
* todo el día		一日中
diabetes	f.	糖尿病
directamente	adv.	直接
director/tora	m./f.	指揮者，監督
disco	m.	ディスク
* disco duro		ハードディスク
diseñar	v.t.	組む，調整する
disfrutar	v.t., v.i.	楽しむ
diversidad	f.	多様性
divertido/da	a.	面白い，楽しい
doblaje	m.	吹き替え
doble	a., adv.	2 倍に，2 倍の
documento	m.	書類
dojo	m.	道場
doler	v.i.	痛む
dolor	m.	痛み
* tener dolor de		～が痛い
domingo	m.	日曜日
* el domingo pasado		先週の日曜日
drásticamente	adv.	劇的に
dueño/ña	m./f.	主人，オーナー
dulce	m.	スイーツ，お菓子（主に pl.）
durar	v.i.	続く
duro/ra	a.	厳しい，固い

E

económico/ca	a.	経済の
edificio	m.	建物
educación	f.	教育
* Educación General Básica (EGB)		
		一般基礎教育
e-mail	m.	電子メール
* escribir un e-mail		電子メールを書く
embajada	f.	大使館
embarazada	a.	妊娠した

embarque	m.	搭乗
emergencia	f.	緊急
* número nacional de emergencias		
		緊急通報番号
emisión	f.	放送
empezar	v.t., v.i.	始める，始まる
* empezar a + 不定詞		～し始める
empresa	f.	企業，会社
empujar	v.t.	押す
encargar	v.t.	任せる
* encargar a + 人		～に任せる
encuentro	m.	出会い
enfermarse	v.ref.	病気になる
enfermedad	f.	病気
enfriar	v.t., v.i.	冷やす，冷える
ensayo	m.	リハーサル
enseguida	adv.	すぐに
entrada	f.	チケット，入場券
entrada	f.	入り口
entregar	v.t.	提出する
entusiasmo	m.	熱心さ
enviar	v.t.	送る
envío	m.	送付
equivocación	f.	間違い
escalera	f.	階段
escaparse	v.ref.	逃げる，回避する
escena	f.	シーン，舞台
escolar	a.	学校の
escondido/da	a.	隠れた
* a escondidas		隠れて
eso	pron.	それ
* por eso		そのため
espacio	m.	宇宙
espalda	f.	背中
especial	a.	特別な
espectáculo	m.	ショー，興行
espectador/dora	m./f.	観衆
esperar	v.t.	期待する
esposo/sa	m./f.	夫／妻
esquina	f.	角
estación	f.	季節
estadio	m.	スタジアム，競技場
estado	m.	状態
* estado de salud		身体の状態
estancia	f.	滞在，滞在期間
estantería	f.	書棚（扉のない）
* este...		えっと…
estilo	m.	スタイル
estómago	m.	胃
estreno	m.	封切り，初演
estropearse	v.ref.	壊れる，だめになる
estudio	m.	スタジオ
estufa	f.	コンロ
estupendamente	adv.	すばらしく
exageradamente	adv.	過度に

examen	m.	試験
excursión	f.	小旅行，遠足
explicación	f.	説明，解説
exposición	f.	展覧会
exterior	a.	外の
extintor	m.	消火器
extranjero	m.	外国
* al extranjero		海外に，外国に

F

fábrica	f.	工場
factura	f.	レシート，請求書
fagot	m.	ファゴット
fallecer	v.i.	亡くなる
falta	f.	不足
* sin falta		きっと，間違いなく，たしかに
faltar	v.i.	欠けている
farmacia	f.	薬局
fatal	a.	ひどい，最悪の
fecha	f.	日付
felicidad	f.	幸せ
* ¡Felicidades!		おめでとう！
felicitación	f.	お祝い
* mensaje de felicitación		お祝いメッセージ
fenomenal	a.	すばらしい
feria	f.	見本市
* fiesta de quince años		15歳記念の誕生日パーティー
fila	f.	列
final	m.	終わり
* a finales de		～の終わりごろ
flan	m.	プリン
flauta	f.	フルート
flautín	m.	ピッコロ
folleto	m.	パンフレット
foto	f.	写真
fotocopia	f.	コピー
* sacar fotocopias		コピーを取る
fotocopiadora	f.	コピー機
fotocopiar	v.t.	コピーを取る
fractura	f.	骨折
frecuentemente	adv.	頻繁に
fresa	f.	イチゴ
frío	m.	寒さ
* hacer un frío que pela		ものすごく寒い（口語）
fruta	f.	果物，フルーツ
fuego	m.	火，火事

G

garganta	f.	のど
gato	m.	猫
generoso/sa	a.	寛大な，気前のよい
golpe	m.	打撃
* dar golpes		打撃を与える
golpearse	v.ref.	自分の体をぶつける
* golpearse la cabeza		頭を打つ

gota	*f.*	しずく	
* gotas para los ojos		目薬	
grabación	*f.*	録画，録音	
grabar	*v.t.*	撮影・録音する	
* gracias a		〜のおかげで	
gracioso/sa	*a.*	面白い，こっけいな	
gradualmente	*adv.*	段階的に，だんだんと	
granizo	*m.*	ひょう	
gratis	*a., adv.*	無料の，無料で	
grave	*a.*	重大な	
gripe	*f.*	インフルエンザ，感冒	
grito	*m.*	叫び	
guiar	*v.t.*	ガイドする	
guion	*m.*	台本	
güiro	*m.*	ギロ	
guitarra	*f.*	ギター	
* guitarra eléctrica		エレキギター	
* tocar la guitarra		ギターを弾く	
guitarrista	*m., f.*	ギタリスト	
gustar	*v.i.*	〜が好きである．（過去未来形で）〜したいのですが	
* me gustaría + 不定詞		私は〜したいのですが	

H

habitación	*f.*	部屋
* habitaciones libres		空室
hamburguesería	*f.*	ハンバーガーショップ
heladería	*f.*	アイスクリーム屋
helado	*m.*	アイスクリーム
hemisferio	*m.*	半球
* el hemisferio sur		南半球
herido/da	*a.*	怪我をした
* persona herida		怪我人
hispánico/ca	*a.*	スペイン語圏の
histórico/ca	*a.*	歴史的な
hoja	*f.*	用紙
* hoja de respuestas		答案用紙
hoja de cálculo	*f.*	表計算ソフト
hojear	*v.t.*	ざっと目を通す
hombro	*m.*	肩
Honduras	*n.pr.*	ホンジュラス
horno	*m.*	オーブン
hospitalización	*f.*	入院
huésped/peda	*m./f.*	宿泊客
huir	*v.i.*	逃げる，逃走する

I

idioma	*m.*	言語
iglesia	*f.*	教会
Iguazú	*n.pr.*	イグアス
impermeable	*m.*	レインコート
impresionante	*a.*	印象的な
impresionar	*v.t.*	印象づける
inauguración	*f.*	開業
incendio	*m.*	出火，ぼや

incidente	*m.*	事件
incluso	*adv.*	〜でさえ
incontable	*a.*	数え切れない
increíblemente	*adv.*	信じられないほど
indicar	*v.t.*	示す，指示する
infantil	*a.*	子どもの
infección	*f.*	感染症
informe	*m.*	報告書，レポート
ingeniería	*f.*	エンジニアリング
* ingeniería de sistemas		システムエンジニアリング
iniciar	*v.t., v.i.*	始まる，始める
inmobiliaria	*f.*	不動産屋
innumerable	*a.*	無数の，数えきれない
instrucciones	*f. pl.*	説明書
instrumento	*m.*	楽器
* instrumento de cuerda		弦楽器
* instrumento de viento		管楽器
inteligente	*a.*	頭のよい，知的な
intentar	*v.t.*	試す，挑戦する
intercambiar	*v.t.*	交換する
* intercambiar información		情報交換する
Internet	*f.*	インターネット
* por Internet		インターネットで
interpretación	*f.*	演奏，解釈
intersección	*f.*	交差点
introducir	*v.t.*	導入する
invierno	*m.*	冬
irritado/da	*a.*	炎症を起こしている
itinerario	*m.*	旅程

J

jacarandá	*m.*	ジャカランダ
jarabe	*m.*	シロップ
jardín	*m.*	庭
* jardín botánico		植物園
jefe/fa	*m./f.*	上司，ボス
jornada	*f.*	1日（学校や仕事の）
judo	*m.*	柔道
juguetería	*f.*	おもちゃ屋

L

lado	*m.*	側面，そば
* al lado de		〜の隣に
libre	*a.*	暇な，自由な
librería	*f.*	本屋
ligero/ra	*a.*	軽い
* algo ligero		何か軽いもの
* ropa ligera		軽装
limón	*m.*	レモン
limpiar	*v.t.*	掃除する
limpio/pia	*a.*	清潔な
listo/ta	*a.*	準備ができた
* estar listo/ta		準備が整っている
llevar	*v.t.*	連れていく
* llevar a cabo		実施する

* llevar（期間）sin		～なしに（期間）が過ぎる
llover	v.i.	雨が降る
lluvia	f.	雨
lógicamente	adv.	もっともだ
lomo	m.	（豚の）背肉
lotería	f.	宝くじ
lumbar	a.	腰の
Luna	f.	月（天体）
lunes	m.	月曜日
* el próximo lunes		来週の月曜日

M

Machu Picchu	n.pr.	マチュピチュ
manga	f.	袖
* manga corta		半袖
* manga larga		長袖
manifestación	f.	デモ
mano	f.	手
manzana	f.	リンゴ
máquina	f.	機械
maracas	f. pl.	マラカス
maravillosamente	adv.	すばらしく
marcar	v.t.	番号を押す，ダイヤルする，印をつける
marcharse	v.ref.	去る，出かける
marido	m.	夫
marimba	f.	マリンバ
más	adv.	より～
* más o menos		まあまあ
mascarilla	f.	マスク
mayor	a.	年上の，成人した
* de mayor		大人になった時
medicamento	m.	薬
mejor	a., adv.	よりよい
* a lo mejor		おそらく
mensaje	m.	メッセージ
mensajería	f.	宅配会社
mensajero/ra	m./f.	宅配業者
mercado	m.	市場
mercancía	f.	商品
mermelada	f.	ジャム，マーマレード，甘いソース
* el mes pasado		先月
mesa	f.	デスク
metalófono	m.	グロッケンシュピール（鉄琴）
mi	a.pos.	私の
mientras	conj.	～する間
* mientras más…, más…		…すればするほど，…になる
mirador	m.	展望台
mitad	f.	半分
mochila	f.	リュックサック
moco	m.	鼻水
* tener mocos		鼻水が出る
moderador/dora	m./f.	司会者
modo	m.	方法
* de cualquier modo		いずれにしても

mordida	f.	噛みつき
moretón	m.	あざ
morir	v.i.	死ぬ
mostrador	m.	カウンター
mudarse	v.ref.	引っ越す
muela	f.	臼歯
mujer	f.	女性，妻
multifunción	f.	多機能
mundo	m.	世界
* mundo hispánico		スペイン語圏
muñeco	m.	人形
* muñeco de nieve		雪だるま
músico/ca	m./f.	音楽家

N

naranja	f.	オレンジ
Nasca	n.pr.	ナスカ
nata	f.	生クリーム
Navidad	f.	クリスマス
negociación	f.	交渉
negocio	m.	ビジネス
* viaje de negocios		出張
neumólogo/ga	m./f.	呼吸器科医
nevar	v.i.	雪が降る
niebla	f.	霧
nieve	f.	雪
normalmente	adv.	通常は，普段は
nota	f.	メモ
novela	f.	小説
novio/via	m./f.	恋人
nublado/da	a.	曇った

O

oboe	m.	オーボエ
obra	f.	工事
* obra exterior		外装工事
ocio	m.	余暇
oficina	f.	オフィス
ofrecer	v.t.	申し出る，提供する，オファーする
olla	f.	鍋
olvidar	v.t.	忘れる
ópera	f.	オペラ
operación	f.	手術
operador/dora	m./f.	オペレーター
opinión	f.	意見
* cambiar de opinión		意見を変える
opuesto/ta	a.	反対の
ordenador	m.	コンピューター
organizador	a.	組織の
organizar	v.t.	企画する
órgano	m.	オルガン
origen	m.	起源
orquesta	f.	オーケストラ，楽団
otoño	m.	秋
otorrino	m., f.	耳鼻科医

otro/tra	*a.*	他の
* entre otros		など

P

paciente	*m., f.*	患者
página	*f.*	ページ
* página web		ウェブページ
pago	*m.*	支払い
palo	*m.*	棒
panadería	*f.*	パン屋
pandemia	*f.*	パンデミック
pandereta	*f.*	タンバリン
pantalla	*f.*	スクリーン
papel	*m.*	役
* representar un papel		役を演じる
paquete	*m.*	小包
parada	*f.*	停留所
paraguas	*m.*	傘
* paraguas plegable		折り畳み傘
paramédico/ca	*m./f.*	救急隊員
parecido/da	*a.*	同様の
pared	*f.*	壁
parque	*m.*	公園
* parque de atracciones		遊園地
parte	*f.*	部分，場所，側
* ¿De parte de quién?		どちらさまですか？（電話で）（スペイン）
* por otra parte		一方で
participar	*v.i.*	参加する
partido	*m.*	試合
partitura	*f.*	楽譜
* pasado mañana		明後日
pasar	*v.i.*	過ぎる，起こる
* ¿Qué le pasa?		彼に（彼女に，あなたに）何かあったのですか？
pasatiempo	*m.*	娯楽
paseo	*m.*	散歩
* ir de paseo		散歩に出かける
pastel	*m.*	ケーキ
Patagonia	*n.pr.*	パタゴニア
patata	*m.*	ジャガイモ
* patatas bravas		パタタス・ブラバス
pausa	*f.*	休憩，休止，中断
pediatra	*m.,f.*	小児科医
película	*f.*	映画
* cinco películas más		さらに5本の映画
* más pequeño/ña		より小さい
percusión	*f.*	打楽器
periférico/ca	*a.*	周辺の
periódico	*m.*	新聞
pesado/da	*a.*	重い
* levantar cosas pesadas		重いものを持ち上げる
* a pesar de		～にもかかわらず
pianista	*m., f.*	ピアニスト
piano	*m.*	ピアノ

picar	*v.t.*	つまむ
pieza	*f.*	作品
pinta	*f.*	外観，様相
* ¡Qué buena pinta!		おいしそう！
pintura	*f.*	塗装
piña	*f.*	パイナップル
piñata	*f.*	ピニャータ
pirámide	*f.*	ピラミッド
pizarra	*f.*	ホワイトボード
pizarrón	*m.*	ホワイトボード
planear	*v.t.*	計画する
planeta	*m.*	惑星
platillos	*m. pl.*	シンバル
plazo	*m.*	期間，期限
pobrecito/ta	*a.*	かわいそうな
* A poco, ¿sí?		へーそうなんだ
poder	*v.t.*	～できる
* cuando pueda		できるときに
polen	*m.*	花粉
policía	*m., f.*	警察官
policía	*f.*	警察
polvo	*m.*	埃
* polvo de la casa		ハウスダスト
ponche	*m.*	ポンチ
* ponche de frutas		フルーツポンチ
popular	*a.*	人気がある
* por qué	*int.*	なぜ，どうして
practicar	*v.t.*	実践する，する
preferible	*a.*	望ましい
preocuparse	*v.ref.*	心配する
* No te preocupes.		心配しないで
preparar	*v.t.*	準備する
presentación	*f.*	プレゼンテーション
* hacer una presentación		プレゼンする
presidente/ta	*m./f.*	社長
presupuesto	*m.*	予算
primavera	*f.*	春
prisa	*f.*	急ぎ
* darse prisa		急ぐ
probablemente	*adv.*	おそらく
producir	*v.t.*	生産する
producto	*m.*	製品
prolongar	*v.t.*	延ばす，延長する
pronóstico	*m.*	予報
pronóstico (del tiempo)	*m.*	天気予報
pronto	*adv.*	すぐに，早く
protagonista	*m., f.*	主人公
protección	*f.*	保護
* protección solar		日焼け止め
provincial	*a.*	県立の
próximo/ma	*a.*	次の
proyecto	*m.*	プロジェクト
prueba	*f.*	検査
pueblo	*m.*	村，町

puente	*m.*	連休	
puerta	*f.*	扉，ゲート	
* puerta de embarque		搭乗口	
puesto	*m.*	売店	
punto	*m.*	点，ドット	
* estar a punto de + 不定詞		まさに～するところだ	

Q

quedar	*v.i.*	待ち合わせる約束をする
quedar	*v.i.*	残る
* quedar bien a...		～にとって似合う
queso	*m.*	チーズ
quién	*int.*	誰
* ¿Quién habla?		どちらさまですか？（電話で）
quirófano	*m.*	手術室
quizá	*adv.*	おそらく

R

ramo	*m.*	花束，束
* ramo de flores		花束
rápido/da	*a.*	早い
raro/ra	*a.*	奇妙な，変わった
rayo	*m.*	稲妻，落雷
rebajas	*f.pl.*	値引き，バーゲン
recepción	*f.*	受付
recibo	*m.*	領収書
reciente (recién)	*adv.*	～したばかりの
* recién sacado de		～から取り出したばかりの
recoger	*v.t.*	拾う
recomendable	*a.*	推奨される，推薦できる
* Es recomendable + 不定詞		～することが推奨される
* Es recomendable que + 接続法		～することが推奨される
recomendado/da	*a.*	推薦された，おすすめの
recomendar	*v.t.*	おすすめする
reconocer	*v.t.*	認識する
recordar	*v.t.*	思い出す，覚えている
recuperarse	*v.ref.*	治る，回復する
redes sociales	*f.pl.*	SNS（ソーシャルネットワーキングサービス）
reducido/da	*a.*	割引の
refresco	*m.*	清涼飲料水
regalo	*m.*	プレゼント
regar	*v.t.*	（植物に）水をやる
región	*f.*	地方，地域
regional	*a.*	地域の
relajado/da	*a.*	リフレッシュして
relajarse	*v.ref.*	リラックスする
renovación	*f.*	更新
repartido/da	*a.*	分配された
repartidor/dora	*m./f.*	宅配業者
repentino/na	*a.*	急な，突然の
representar	*v.t.*	演じる
reserva	*f.*	予約，アポイントメント
reservar	*v.t.*	予約する
resfriado/da	*a.*	風邪を引いた
resistir	*v.t., v.i.*	あらがう，抵抗する

responsable	*m., f.*	責任者
respuesta	*f.*	解答
resultado	*m.*	結果
reunión	*f.*	会議，ミーティング
revisar	*v.t.*	見直す
rioplatense	*a.*	ラプラタ川流域の
riqueza	*f.*	豊かさ
ritmo	*m.*	リズム
rodilla	*f.*	膝
rojo/ja	*a.*	赤い
romperse	*v.ref.*	壊れる
ropa	*f.*	服
rueda de prensa	*f.*	記者会見
ruido	*m.*	騒音，物音

S

sabor	*m.*	味
sabroso/sa	*a.*	おいしい
sacar	*v.t.*	（写真などを）撮る
sala	*f.*	ホール
salón	*m.*	ホール，店
* salón recreativo		ゲームセンター
salsa	*f.*	サルサ
sangrar	*v.i.*	出血する
sangre	*f.*	血液
sartén	*f.*	フライパン
saxofón	*m.*	サクソフォン
saxófono	*m.*	サクソフォン
seco/ca	*a.*	乾燥している
secretario/ria	*m./f.*	秘書
seguro	*m.*	保険
* seguro médico		医療保険
semana	*f.*	週
* el fin de semana pasado		先週末
* hace una semana		１週間前
sentido	*m.*	意味，意義
* sentirse mejor		（体調が）よくなる
separado/da	*a.*	分けられた
* llevar por separado		分けて持っていく
serie	*f.*	シリーズ，連続ドラマ
servir	*v.t.*	（食事などを）提供する
sesión	*f.*	上映
siempre	*adv.*	いつも，常に
* como siempre		いつものように
siglo	*m.*	世紀
siguiente	*a., m., f.*	次の（人）
simpático/ca	*a.*	感じのよい
* sin embargo		しかしながら
sintetizador	*m.*	シンセサイザー
sistema	*m.*	システム
sitio	*m.*	場所
* sitio web		ウェブサイト
* los mejores sitios		最高の場所，最高の座席
situación	*f.*	状況
sofá	*m.*	ソファ

* hacer sol		太陽が照る，日差しが強い	
soler	v.t.	～するのが普通だ	
sonar	v.i.	鳴る	
* Suena bien.		よさそうだね	
soplo	m.	息	
soprano	f.	ソプラノ（歌手）	
sorbete	m.	シャーベット	
* sorbete de limón		レモンのシャーベット	
sorteo	m.	抽選会	
subir	v.t., v.i.	登る，上がる	
sucursal	f.	支社，支店	
suelo	m.	床，地面	
suficiente	a.	十分な	
suficientemente	adv.	十分に	
suscripción	f.	サブスクリプション，購読	
suspender	v.i., v.t.	落第する，落第させる	

T

tailandés	m.	タイ語
Tailandia	n.pr.	タイ
talento	m.	才能
talla	f.	サイズ
taller	m.	作業場，工房，アトリエ，修理工場
tambor	m.	スネアドラム
* tambor de bajo		バスドラム
también	adv.	～もまた
tango	m.	タンゴ
tapas	f.pl.	小皿料理，タパス，おつまみ
taquilla	f.	窓口，切符売り場
tardar	v.i.	時間がかかる
tarde	n.f.	午後
* de la tarde		午後の
tarde	adv.	遅く
tarima	f.	演壇
tarta	f.	ケーキ，タルト
* tarta de fresa		イチゴのタルト
* tarta de queso		チーズケーキ
teclado	m.	キーボード
teléfono	m.	電話
* teléfono inteligente		スマートフォン
telenovela	f.	テレビドラマ
teleoperador/dora	m./f.	テレフォンオペレーター
temporada	f.	シーズン，時期
* temporada alta		ハイシーズン
* temporada de lluvias		雨季
* temporada seca		乾季
tenor	m.	テノール（歌手）
tentación	f.	誘惑
teoría	f.	理論
terminar	v.t., v.i.	終える，終わる
* terminar de + 不定詞		～するのを終える
tesis	f.	（学位）論文
tiempo	m.	時
* al mismo tiempo		同時に

* desde hace mucho tiempo		ずっと前から
* tiempo libre		自由な時間，暇
* tener tiempo		時間がある
tienda	f.	店
* tienda de conveniencia		コンビニ
Tierra	f.	地球
tifón	m.	台風
timbal	m.	ティンパニ
timbales	m. pl.	ティンバレス
tímpano	m.	ティンパニ
tintorería	f.	クリーニング店
típico/ca	a.	典型的な，代表的な，特有の
tipo	m.	種類，タイプ
* varios tipos de		いろいろな～
título	m.	題名，タイトル
toalla	f.	タオル
* toalla al vapor		蒸しタオル
tocar	v.t.	弾く，さわる
torcedura	f.	捻挫
tormenta	f.	嵐
tos	f.	咳
trabajador/dora	m./f.	労働者
tradicional	a.	伝統的な
traducir	v.t.	翻訳する
traer	v.t.	持ってくる
tranquilo/la	a.	穏やかな，静かな
transportador/dora	a.	運搬の
* a través de		～を通して
triángulo	m.	トライアングル
trombón	m.	トロンボーン
trompeta	f.	トランペット
tu	a.pos.	君の
tuba	f.	チューバ
turístico/ca	a.	観光の

U

unidad	f.	単位，～個
uva	f.	ブドウ

V

vacuna	f.	ワクチン
* Vale.		OK（スペインの表現）
* Vamos a ver.		どれどれ見てみよう
variedad	f.	多様性
vecino/na	m./f.	隣人
vela	f.	ろうそく
vendedor/dora	m./f.	販売員，売り子
ventana	f.	窓
verano	m.	夏
veras	f.pl.	真実，事実
* ¿De veras?		本当に？
vez	f.	回
* una vez		一度～したら
víctima	f.	被害者
videojuego	m.	テレビゲーム

viento	*m.*	風	
* hacer viento		風が吹く	
viola	*f.*	ビオラ	
violín	*m.*	バイオリン	
violonchelo	*m.*	チェロ	
virus	*m.*	ウイルス	
visitar	*v.t.*	訪れる，訪ねる	
vistazo	*m.*	一見	
* echar un vistazo		ざっと見る	
* en vivo		生の，ライブの	
volar	*v.i.*	飛ぶ	
voz	*f.*	声	
* tener buena voz		声がよい	
vuelo	*m.*	フライト，便	

X

xilófono	*m.*	シロフォン（木琴）	

Y

yeso	*m.*	ギプス	
yogur	*m.*	ヨーグルト	
Yucatán	*n.pr.*	ユカタン	

Z

zapato	*m.*	靴（主に *pl.*）	

あ

アイスクリーム	helado	m.
アイスクリーム屋	heladería	f.
赤い	rojo/ja	a.
上がる	subir	v.t., v.i.
秋	otoño	m.
アクティビティ	actividad	f.
あざ	moretón	m.
明後日	* pasado mañana	
味	sabor	m.
頭のよい	inteligente	a.
頭を打つ	* golpearse la cabeza	
厚着する	abrigarse	v.ref.
アットマーク	arroba	m.
（～の）後で	* después de	
アトラクション	atracción	f.
アトリエ	taller	m.
あなたにこんなところで会うなんて！		
	* ¡Tú por aquí!	
アポイントメント	reserva	f.
甘いソース	mermelada	f.
甘いパン	bollo	f.
あまりにも	demasiado	adv.
飴	caramelo	m.
雨	lluvia	f.
雨が降る	llover	v.i.
あら，まあ	Ay, ay.	interj.
あらがう	resistir	v.t., v.i.
あらかじめ	* de antemano	
嵐	tormenta	f.
あらゆる	cualquiera	a.
アルコール飲料	alcohol	m.
アルコールを含んだ	alcohólico/ca	a.
アルト（歌手）	alto	f.
アレルギー	alergia	f.
アレルゲン	alérgeno	m.
アンケート	cuestionario	m.
アンダーバー	* guion bajo	m.
アンデス地方の	andino/na	a.

い

胃	estómago	m.
委員会	comité	m.
息	soplo	m.
意義	sentido	m.
イグアス	Iguazú	n.pr.
イグアスの滝	* las Cataratas del Iguazú	
意見	opinión	f.
意見を変える	* cambiar de opinión	
いずれにしても	* de cualquier modo	
急ぎ	prisa	f.
急ぐ	* darse prisa	
（～が）痛い	* tener dolor de	
痛み	dolor	m.

痛む	doler	v.i.
イチゴ	fresa	f.
イチゴのタルト	* tarta de fresa	
一度～したら	* una vez	
一日（学校や仕事の）	jornada	f.
一日中	* todo el día	
一日に	* al día	
市場	mercado	m.
いつ	cuándo	int.
一見	vistazo	m.
一週間前	* hace una semana	
一般基礎教育	* Educación General Básica (EGB)	
一方で	* por otra parte	
いつまでに	* ¿Para cuándo...?	
いつも	siempre	adv.
いつものように	* como siempre	
稲妻，落雷	rayo	m.
今のところ	* por ahora	
意味	sentido	m.
入り口	entrada	f.
医療費	* costo médico	
医療保険	* seguro médico	
いろいろな～	* varios tipos de	
印象づける	impresionar	v.t.
印象的な	impresionante	a.
インターネット	Internet	f.
インターネットで	* por Internet	
インフルエンザ	gripe	f.

う

ウイルス	virus	m.
ウェブサイト	* sitio web	
ウェブページ	* página web	
雨季	* temporada de lluvias	
受付	recepción	f.
薄着の	desabrigado/da	a.
歌う	cantar	v.t., v.i.
宇宙	espacio	m.
売り切れた	agotado/da	a.
売り子	vendedor/dora	m./f.
運搬の	transportador/dora	a.

え

映画	película	f.
エージェント	agencia	f.
SNS(ソーシャルネットワーキングサービス)	redes sociales	f.pl.
えっと…	* este...	
エリア	área	f.
得る	adquirir, conseguir	v.t.
エレキギター	* guitarra eléctrica	
延期される	aplazarse	v.ref.
エンジニアリング	ingeniería	f.
炎症を起こしている	irritado/da	a.
演じる	representar	v.t.

演奏	interpretación, actuación	f.
遠足	excursión	f.
演壇	tarima	f.
延長する	prolongar	v.t.

お

おいしい	sabroso/sa	a.
おいしそう！	* ¡Qué buena pinta!	
置いておく	dejar	v.t.
お祝い	felicitación	f.
お祝いメッセージ	* mensaje de felicitación	
終える	terminar	v.t., v.i.
OK（スペインの表現）	* Vale.	
オーケストラ	orquesta	f.
オーナー	dueño/ña	m./f.
オーブン	horno	m.
オープンサンド	bocadillo	m.
オーボエ	oboe	m.
覆われる	cubrirse	v.ref.
(〜の) おかげで	* gracias a	
お菓子	dulce（主に pl.）	m.
屋外アクティビティ	* actividades al aire libre	
送る	enviar	v.t.
起こる	pasar	v.i.
おしゃべりする	charlar	v.i.
押す	empujar	v.t.
おすすめする	recomendar	v.t.
おすすめの	recomendado/da	a.
おそらく	* a lo mejor, quizá, probablemente	adv.
穏やかな	tranquilo/la	a.
お誕生日おめでとう！	* ¡Feliz cumpleaños!	
夫	marido, esposo	m.
おつまみ	tapas	f.pl.
訪れる	visitar	v.t.
大人になったとき	* de mayor	
オファーする	ofrecer	v.t.
オフィス	despacho, oficina	m., f.
オペラ	ópera	f.
オペレーター	operador/dora	m./f.
覚えている	recordar	v.t.
おめでとう！	* ¡Felicidades!	
重い	pesado/da	a.
思い出す	recordar	v.t.
重いものを持ち上げる	* levantar cosas pesadas	
面白い	gracioso/sa, divertido/da	a.
おもちゃ屋	juguetería	f.
おやおや	* anda	interj.
折り畳み傘	* paraguas plegable	
オルガン	órgano	m.
オレンジ	naranja	f.
終わり	final	m.
(〜の) 終わりごろ	* a finales de	
終わる	terminar	v.t., v.i.
音楽家	músico/ca	m./f.

か

解釈	interpretación	f.
ガーゼ	compresa	f.
回	vez	f.
海外に	* al extranjero	
外観	pinta	f.
会議	reunión	f.
開業	inauguración	f.
外国	extranjero	m.
外国に	* al extranjero	
会社	compañía, empresa	f.
快晴の	despejado/da	a.
外装工事	* obra exterior	
解説	explicación	f.
階段	escalera	f.
快適な	agradable	a.
快適なほど	agradablemente	adv.
解答	respuesta	f.
ガイドする	guiar	v.t.
回避する	escaparse	v.ref.
回復する	recuperarse	v.ref.
買い物	compra	f.
買い物に出かける	* salir de compras	
会話	conversación	f.
買う	comprar	v.t.
カウンター	mostrador	m.
楽譜	partitura	f.
楽団	orquesta	f.
隠れた	escondido/da	a.
隠れて	* a escondidas	
欠けている	faltar	v.i.
傘	paraguas	m.
火事	fuego	m.
菓子パン	bollo	f.
歌手	cantante	m., f.
カスタネット	castañuelas	f. pl.
風	viento	m.
風が吹く	* hacer viento	
風邪を引いた	resfriado/da	a.
数え切れない	incontable, innumerable	a.
肩	hombro	m.
固い	duro/ra	a.
語る	contar	v.t.
かち合う	coincidir	v.i.
楽器	instrumento	m.
学校	colegio	m.
学校の	escolar	a.
合唱	coro	m.
活動	actividad	f.
カテドラル	catedral	f.
角	esquina	f.
過度に	exageradamente	adv.
花粉	polen	m.
花粉症	* alergia al polen	

壁	pared	*f.*	
カホン（楽器）	cajón	*m.*	
噛みつき	mordida	*f.*	
噛むこと	bocado	*m.*	
軽い	ligero/ra	*a.*	
彼に（彼女に，あなたに）何かあったのですか？			
	* ¿Qué le pasa?		
かわいそうな	pobrecito/ta	*a.*	
側	parte	*f.*	
変わった	raro/ra	*a.*	
管楽器	* instrumento de viento		
乾季	* temporada seca		
カンクン	Cancún	*n.pr.*	
関係	contacto	*m.*	
観光の	turístico/ca	*a.*	
観光バス	* autobús turístico		
感じのよい	simpático/ca	*a.*	
患者	paciente	*m., f.*	
観衆	espectador/dora	*m./f.*	
勘定	cuenta	*f.*	
関節	articulación	*f.*	
感染症	infección	*f.*	
乾燥している	seco/ca	*a.*	
寛大な	generoso/sa	*a.*	
監督	director/tora	*m./f.*	
感冒	gripe	*f.*	

き

キーボード	teclado	*m.*	
黄色い	amarillo/lla	*a.*	
機械	máquina	*f.*	
企画する	organizar	*v.t.*	
期間	plazo	*m.*	
企業	compañía, empresa	*f.*	
期限	plazo	*m.*	
起源	origen	*m.*	
気候	clima	*m.*	
記者会見	rueda de prensa	*f.*	
季節	estación	*f.*	
ギター	guitarra	*f.*	
ギターを弾く	* tocar la guitarra		
期待する	esperar	*v.t.*	
ギタリスト	guitarrista	*m., f.*	
（〜に）気付く	* darse cuenta de		
きっと	* sin falta		
切符	billete	*m.*	
切符売り場	taquilla	*f.*	
厳しい	duro/ra	*a.*	
ギプス	yeso	*m.*	
君の	tu	*a.pos.*	
気前のよい	generoso/sa	*a.*	
奇妙な	raro/ra	*a.*	
キャンセルされる	cancelarse	*v.ref.*	
キャンセルする	cancelar	*v.t.*	
キャンディー	caramelo	*m.*	

キャンプ	campamento	*m.*	
救急車	ambulancia	*f.*	
救急隊員	paramédico/ca	*m./f.*	
休憩する	descansar	*v.i.*	
休止	pausa	*f.*	
臼歯	muela	*f.*	
旧市街	* casco antiguo		
休息	pausa	*f.*	
急な	repentino/na	*a.*	
教育	educación	*f.*	
教会	iglesia	*f.*	
競技場	estadio	*m.*	
興行	espectáculo	*m.*	
霧	niebla	*f.*	
ギロ	güiro	*m.*	
気をつけてね	* Cuídate.		
気をつける	cuidarse	*v.ref.*	
緊急	emergencia	*f.*	
緊急通報番号	* número nacional de emergencias		

く

空室	* habitaciones libres		
偶然に	* por casualidad		
クーポン券	bono	*m.*	
薬	medicamento	*m.*	
果物	fruta	*f.*	
靴	zapato（主に *pl.*）	*m.*	
首	cuello	*m.*	
組む	diseñar	*v.t.*	
曇った	nublado/da	*a.*	
クライアント	cliente	*m., f.*	
クラリネット	clarinete	*m.*	
栗	castaña	*f.*	
クリーニング店	tintorería	*f.*	
クリスマス	Navidad	*f.*	
車	coche	*m.*	
グロッケンシュピール（鉄琴）	metalófono	*m.*	
（〜に）加えて	* además de		

け

計画する	planear	*v.t.*	
経済の	económico/ca	*a.*	
警察	policía	*f.*	
警察官	policía	*m., f.*	
計算	cuenta	*f.*	
軽装	* ropa ligera		
契約する	contratar	*v.t.*	
経理課	contabilidad	*f.*	
ケーキ	pastel, tarta	*m.*	
ゲート	puerta	*f.*	
ゲームセンター	* salón recreativo		
外科医	cirujano/na	*m./f.*	
怪我人	* persona herida		
怪我をした	herido/da	*a.*	
劇的に	drásticamente	*adv.*	

消す	apagar	v.t.	こと	cosa	f.
血液	sangre	f.	子どもの	infantil	a.
結果	resultado	m.	～後に	* dentro de + 時間	
月曜日	lunes	m.	コネ	contacto	m.
結論	conclusión	f.	コピー	fotocopia	f.
弦楽器	* instrumento de cuerda		コピー機	fotocopiadora	f.
言語	idioma	m.	コピーを取る	fotocopiar, * sacar fotocopias	v.t.
検査	prueba	f.	娯楽	pasatiempo	m.
現在，現代	actualidad	f.	壊れる	estropearse	v.ref.
現在では	* en la actualidad		壊れる	romperse	v.ref.
現在の	actual	a.	コーラス	coro	m.
建設される	construirse	v.ref.	コンガ	conga	f.
現代の	contemporáneo/a	a.	コンクール	concurso	m.
現代美術	* arte contemporáneo		コンサート	concierto	m.
権利	derecho	m.	コントラバス	contrabajo	m.
県立の	provincial	a.	コンビニ	* tienda de conveniencia	
			コンピューター	computador, computadora, ordenador	m., f., m.
			コンロ	estufa	f.

こ

～個	unidad	f.
語彙	extintor	m.
恋人	novio/via	m./f.
コインロッカー	consigna	f.
合意	acuerdo	m.
講演	conferencia	f.
公園	parque	m.
公演	actuación	f.
講演者	conferenciante	m., f.
公会堂	auditorio	m.
合格する	aprobar	v.i., v.t.
高額の	elevado/da	a.
交換する	intercambiar	v.t.
交差点	intersección	f.
工事	obra	f.
交渉	negociación	f.
工場	fábrica	f.
更新	renovación	f.
講堂	* sala de conferencias	
購読	suscripción	f.
購入	compra	f.
工房	taller	m.
声	voz	f.
声がよい	* tener buena voz	
顧客	cliente	m., f.
呼吸器科医	neumólogo/ga	m./f.
ここ	aquí	adv.
心地よい	agradable	a.
心地よく	agradablemente	adv.
心からの	cordial	a.
小雨が降る	chispear	v.i.
小皿料理	tapas	f.pl.
腰の	lumbar	a.
コック	cocinero/ra	m./f.
こっけいな	gracioso/sa	a.
骨折	fractura	f.
小包	paquete	m.

さ

サービスエリア	* área de servicio	
最悪の	fatal	a.
最高の場所（座席）	* los mejores sitios	
サイズ	talla	f.
才能	talento	m.
探す	buscar	v.t.
作業場	taller	m.
サクソフォン	saxofón, saxófono	m.
作品	pieza	f.
昨夜	anoche	adv.
酒	alcohol	m.
叫び	grito	m.
座席（劇場の）	butaca	f.
撮影・録音する	grabar	v.t.
作曲する	componer	v.t.
ざっと見る	* echar un vistazo	
ざっと目を通す	hojear	v.t.
サブスクリプション	suscripción	f.
寒さ	frío	m.
さらに5本の映画	* cinco películas más	
去る	marcharse	v.ref.
サルサ	salsa	f.
さわる	tocar	v.t.
参加する	participar	v.i.
（～に）賛成している	* estar de acuerdo con	
サンドイッチ	bocadillo	m.
残念なことに	desafortunadamente	adv.
散歩	paseo	m.
散歩に出かける	* ir de paseo	

し

試合	partido	m.
幸せ	felicidad	f.
シーズン	temporada	f.

シーン	escena	*f.*	宿泊客	huésped/peda	*m./f.*
シェーク	batido	*m.*	手術	operación	*f.*
司会者	moderador/dora	*m./f.*	手術室	quirófano	*m.*
しかしながら	* sin embargo		主人	dueño/ña	*m./f.*
時間がある	* tener tiempo		主人公	protagonista	*m., f.*
時間がかかる	tardar	*v.i.*	出火	incendio	*m.*
時期	temporada	*f.*	出血する	sangrar	*v.i.*
指揮者	director/tora	*m./f.*	出張	* viaje de negocios	
試験	examen	*m.*	種類	tipo	*m.*
事件	incidente	*m.*	準備ができた	listo/ta	*a.*
事故	accidente	*m.*	準備が整っている	* estar listo/ta	
指示する	indicar	*v.t.*	準備する	preparar	*v.t.*
事実	veras	*f.pl.*	上映	sesión	*f.*
支社	sucursal	*f.*	状況	situación	*f.*
四重奏	cuarteto	*m.*	（〜という）条件で	* a condición de que + 接続法	
静かな	tranquilo/la	*a.*	条項	cláusula	*f.*
しずく	gota	*f.*	上司	jefe/fa	*m./f.*
システム	sistema	*m.*	小説	novela	*f.*
システムエンジニアリング	* ingeniería de sistemas		状態	estado	*m.*
〜したいのですが(過去未来形で)	gustar	*v.i.*	小児科医	pediatra	*m.,f.*
下書き	borrador	*m.*	商品	mercancía	*f.*
（〜した）ばかりの	reciente (recién)	*adv.*	情報交換する	* intercambiar información	
実施する	* llevar a cabo		消防士	bombero/ra	*m./f.*
実践する	practicar	*v.t.*	少量のミルクの入ったコーヒー	cortado	*m.*
支店	sucursal	*f.*	小旅行	excursión	*f.*
死ぬ	morir	*v.i.*	ショー	espectáculo	*m.*
品切れの	agotado/da	*a.*	食事	comida	*f.*
（〜し）始める	* empezar a + 不定詞		植物園	* jardín botánico	
支払い	pago	*m.*	植物の	botánico/ca	*a.*
耳鼻科医	otorrino	*m., f.*	女性	mujer	*f.*
（自分の）体をぶつける	golpearse	*v.ref.*	書棚（扉のない）	estantería	*f.*
示す	indicar	*v.t.*	書棚・ロッカー（扉のついた）	armario	*m.*
地面	suelo	*m.*	書類	documento	*m.*
シャーベット	sorbete	*m.*	知らせる	avisar	*v.t.*
ジャガイモ	patata	*m.*	シリーズ	serie	*f.*
ジャカランダ	jacarandá	*m.*	印をつける	marcar	*v.t.*
写真	foto	*f.*	シロップ	jarabe	*m.*
社長	presidente/ta	*m./f.*	シロフォン（木琴）	xilófono	*m.*
シャツ	camisa	*f.*	真実	veras	*f. pl.*
ジャム	mermelada	*f.*	信じられないほど	increíblemente	*adv.*
週	semana	*f.*	シンセサイザー	sintetizador	*m.*
収穫	cosecha	*f.*	身体の状態	* estado de salud	
15歳記念の誕生日パーティー	* fiesta de quince años		心配しないで	* No te preocupes.	
（仕事に）従事する	dedicarse	*v.ref.*	心配する	preocuparse	*v.ref.*
修正する	corregir	*v.t.*	シンバル	platillos	*m. pl.*
渋滞	atasco	*m.*	新聞	periódico	*m.*
重大な	grave	*a.*	信頼	confianza	*f.*
柔道	judo	*m.*			
自由な	libre	*a.*	**す**		
自由な時間	* tiempo libre		スイーツ	dulce（主に *pl.*）	*m.*
十分な	suficiente	*a.*	推奨される	recomendable	*a.*
十分に	suficientemente	*adv.*	推薦された	recomendado/da	*a.*
周辺の	periférico/ca	*a.*	推薦できる	recomendable	*a.*
修理工場	taller	*m.*	（〜が）好きである	gustar	*v.i.*
宿題	deberes	*m.pl.*	スギ	ciprés	*m.*

過ぎる	pasar	*v.i.*	
すぐに	enseguida, pronto	*adv.*	
スクリーン	pantalla	*f.*	
筋（話の）	argumento	*m.*	
進む，進める	avanzar	*v.i., v.t.*	
スタイル	estilo	*m.*	
スタジアム	estadio	*m.*	
スタジオ	estudio	*m.*	
ずっと前から	* desde hace mucho tiempo		
ストーリー	argumento	*m.*	
スネアドラム	tambor	*m.*	
すばらしい	fenomenal	*a.*	
すばらしく	estupendamente, maravillosamente	*adv.*	
スペイン語圏	* mundo hispánico		
スペイン語圏の	hispánico/ca	*a.*	
スペース	apartado	*m.*	
スマートフォン	* teléfono inteligente		
〜する間	mientras	*conj.*	
〜することが推奨される	* Es recomendable + 不定詞		
〜することが推奨される	* Es recomendable que + 接続法		
〜するのが普通だ	soler	*v.t.*	
〜するのを終える	* terminar de + 不定詞		
〜する前に（主語と同じ動作主が）	* antes de + 不定詞		
〜する前に（主語と別の動作主が）	* antes de que + 接続法		
〜すればするほど，〜になる	* mientras más..., más...		

せ

世紀	siglo	*m.*	
請求書	factura	*f.*	
清潔な	limpio/pia	*a.*	
生産する	producir	*v.t.*	
成人した	mayor	*a.*	
製品	producto	*m.*	
税理士	asesor/sora	*m./f.*	
清涼飲料水	refresco	*m.*	
生理用ナプキン	compresa	*f.*	
世界	mundo	*m.*	
咳	tos	*f.*	
責任者	responsable	*m., f.*	
説明	explicación	*f.*	
説明書	instrucciones	*f. pl.*	
背中	espalda	*f.*	
（豚の）背肉	lomo	*m.*	
先月	* el mes pasado		
先日	* el otro día		
先週の日曜日	* el domingo pasado		
先週末	* el fin de semana pasado		

そ

騒音，物音	ruido	*m.*	
倉庫	almacén	*m.*	
掃除する	limpiar	*v.t.*	

相談する	consultar	*v.t., v.i.*	
送付	envío	*m.*	
側面	lado	*m.*	
組織委員会	* comité organizador		
組織の	organizador	*a.*	
袖	manga	*f.*	
外の	exterior	*a.*	
そのため	* por eso		
「その他」欄	* el apartado "otros"		
祖父	abuelo/la	*m.*	
そば	lado	*m.*	
ソファ	sofá	*m.*	
ソプラノ（歌手）	soprano	*f.*	
祖父／祖母	abuela	*f.*	
それ	eso	*pron.*	

た

タイ	Tailandia	*n.pr.*	
タイ語	tailandés	*m.*	
滞在，滞在期間	estancia	*f.*	
大使館	embajada	*f.*	
タイトル	título	*m.*	
代表的な	típico/ca	*a.*	
タイプ	tipo	*m.*	
台風	tifón	*m.*	
逮捕された	* ser arrestado/da		
逮捕する	arrestar	*v.t.*	
台本	guion	*m.*	
題名	título	*m.*	
ダイヤルする	marcar	*v.t.*	
太陽が照る	* hacer sol		
代理店	agencia	*f.*	
タオル	toalla	*f.*	
打楽器	percusión	*f.*	
宝くじ	lotería	*f.*	
滝	catarata	*f.*	
多機能	multifunción	*f.*	
たくさんのするべきこと	* muchas cosas que hacer		
宅配会社	mensajería	*f.*	
宅配業者	mensajero/ra, repartidor/dora	*m./f.*	
打撃	golpe	*m.*	
打撃を与える	* dar golpes		
たしかに	* sin falta		
訪ねる	visitar	*v.t.*	
建物	edificio	*m.*	
ダニ	ácaro	*m.*	
楽しい	divertido/da	*a.*	
楽しむ	disfrutar	*v.t., v.i.*	
束（花束）	ramo	*m.*	
タパス	tapas	*f.pl.*	
試す	intentar	*v.t.*	
だめになる	estropearse	*v.ref.*	
多様性	diversidad, variedad	*f.*	
タルト	tarta	*f.*	
誰	quién	*int.*	

単位	unidad	f.
段階的に	gradualmente	adv.
タンゴ	tango	m.
誕生日	cumpleaños	m.
誕生日を迎える人	cumpleañero/ra	m./f.
ダンス	baile	m.
だんだんと	gradualmente	adv.
タンバリン	pandereta	f.

ち

地域	región	f.
地域の	regional	a.
チーズ	queso	m.
チーズケーキ	* tarta de queso	
チェロ	violonchelo	m.
近付く	acercarse	v.ref.
地球	Tierra	f.
地区	barrio, casco	m.
チケット	entrada	f.
地方	región	f.
知的な	inteligente	a.
昼食を取る，昼食に～を食べる	almorzar	v.i., v.t.
抽選会	sorteo	m.
中断	pausa	f.
チューバ	tuba	f.
チューロ	churro	m.
徴収する	cobrar	v.t.
調整する	diseñar	v.t.
挑戦する	intentar	v.t.
直接	directamente	adv.
チョコレート	chocolate	m.
賃貸	alquiler	m.

つ

追加する	añadir	v.t.
通常は	normalmente	adv.
疲れ	cansancio	m.
疲れている	cansado/da	a.
月（天体）	Luna	f.
次の	próximo/ma	a.
次の（人）	siguiente	a., m., f.
続く	durar	v.i.
常に	siempre	adv.
妻	esposa, mujer	f.
つまむ	picar	v.t.
連れていく	llevar	v.t.

て

手	mano	f.
出会い	encuentro	m.
提供する	ofrecer	v.t.
（食事などを）提供する	servir	v.t.
抵抗する	resistir	v.t., v.i.
提出する	entregar	v.t.

ディスク	disco	m.
停留所	parada	f.
ティンパニ	timbal	m.
ティンパニ	tímpano	m.
ティンバレス	timbales	m. pl.
データ	dato	m.
出かける	marcharse	v.ref.
適している	adecuado/da	a.
～できる	poder	v.t.
できるときに	* cuando pueda	
～でさえ	incluso	adv.
デスク	mesa	f.
手に入れる	adquirir	v.t.
テノール（歌手）	tenor	m.
デパート	* grandes almacenes	
デモ	manifestación	f.
テレビゲーム	videojuego	m.
テレビドラマ	telenovela	f.
テレフォンオペレーター	teleoperador/dora	m./f.
点	punto	m.
天気予報	pronóstico (del tiempo)	m.
典型的な	típico/ca	a.
電子メール，eメール	e-mail, correo electrónico	m.
電子メールを書く	* escribir un e-mail	
転倒する	caerse	v.ref.
伝統的な	tradicional	a.
伝統的な食事	* comida tradicional	
展望台	mirador	m.
展覧会	exposición	f.
電話	teléfono	m.

と

答案用紙	* hoja de respuestas	
陶器	cerámica	f.
どうして	* por qué	int.
逃走する	huir	v.i.
同時に	* al mismo tiempo	
搭乗	embarque	m.
道場	dojo	m.
搭乗口	* puerta de embarque	
導入する	introducir	v.t.
糖尿病	diabetes	f.
同様の	parecido/da	a.
同僚	* compañero/ra de trabajo	
（～を）通して	* a través de	
時	tiempo	m.
特別な	especial	a.
特別なコネ（関係）	* contacto especial	
特有の	típico/ca	a.
年上の	mayor	a.
図書館	biblioteca	f.
塗装	pintura	f.
どちらさまですか？（電話で）	* ¿Quién habla?	
どちらさまですか？（電話で）（スペイン）		
	* ¿De parte de quién?	

突然の	repentino/na	a.
ドット	punto	m.
（～の）隣に	* al lado de	
どのくらい	cuánto	int.
扉	puerta	f.
飛ぶ	volar	v.i.
トライアングル	triángulo	m.
ドラムセット	batería	f.
トランペット	trompeta	f.
（～から）取り出したばかりの	* recién sacado de	
（写真などを）撮る	sacar	v.t.
どれどれ見てみよう	* Vamos a ver.	
トロンボーン	trombón	m.

な

治る	recuperarse	v.ref.
長袖	* manga larga	
仲間	compañero/ra	m./f.
亡くなる	fallecer	v.i.
～なしに（期間）が過ぎる	* llevar（期間）sin	
ナスカ	Nasca	n.pr.
なぜ	* por qué	int.
夏	verano	m.
など	* entre otros	
何か	algo	pron.
何か軽いもの	* algo ligero	
鍋	olla	f.
生クリーム	nata	f.
生の	* en vivo	
生ビール	caña	f.
鳴る	sonar	v.i.
何時間？	* ¿Cuántas horas?	

に

（～にとって）似合う	* quedar bien a...	
荷車	carrito	m.
逃げる	escaparse, huir	v.ref.
煮汁	caldo	m.
日曜日	domingo	m.
2倍に／の	doble	a., adv.
～にもかかわらず	* a pesar de	
入院	hospitalización	f.
入場券	entrada	f.
庭	jardín	m.
人気がある	popular	a.
人形	muñeco	m.
認識する	reconocer	v.t.
妊娠した	embarazada	a.

ね

猫	gato	m.
熱心さ	entusiasmo	m.
値引き	rebajas	f.pl.
捻挫	torcedura	f.

の

残る	quedar	v.i.
望ましい	preferible	a.
のど	garganta	f.
延ばす	prolongar	v.t.
登る	subir	v.t., v.i.
飲み物	bebida	f.

は

バーゲン	rebajas	f.pl.
ハードディスク	* disco duro	
ハープ	arpa	f.
バイオリン	violín	m.
ハイシーズン	* temporada alta	
買収	compra	f.
売店	puesto	m.
パイナップル	piña	f.
ハウスダスト	* polvo de la casa	
拍手する	aplaudir	v.t.
バゲット	baguette	f.
始める，始まる	empezar, iniciar	v.t., v.i.
場所	parte	f.
	sitio	m.
バス	autobús	m.
バス（歌手）	bajo	m.
バスドラム	* tambor de bajo	
パタゴニア	Patagonia	n.pr.
パタタス・ブラバス	* patatas bravas	
話す	contar	v.t.
花束	ramo, * ramo de flores	m.
鼻水	moco	m.
鼻水が出る	* tener mocos	
歯ブラシ	* cepillo de dientes	
早い	rápido/da	a.
早く	pronto	adv.
バラード	balada	f.
春	primavera	f.
パレード	desfile	m.
半球	hemisferio	m.
番号を押す	marcar	v.t.
犯罪	crimen	m.
犯罪者	delincuente	m., f.
半袖	* manga corta	
（～に）反対している	* estar en contra de	
反対の	opuesto/ta	a.
パンデミック	pandemia	f.
バンド	banda	f.
ハンバーガーショップ	hamburguesería	f.
販売員	vendedor/dora	m./f.
パンフレット	folleto	m.
半分	mitad	f.
パン屋	panadería	f.

ひ

日	día	m.
火	fuego	m.
ピアニスト	pianista	m., f.
ピアノ	piano	m.
冷える	enfriar	v.t., v.i.
ビオラ	viola	f.
被害者	víctima	f.
引き出し	cajón	m.
弾く	tocar	v.t.
膝	rodilla	f.
日差しが強い	* hacer sol	
ひじ	codo	m.
ビジネス	negocio	m.
美術	arte	m.
秘書	secretario/ria	m./f.
日付	fecha	f.
引っ越す	mudarse	v.ref.
ピッコロ	flautín	m.
ひどい	fatal	a.
一口目	* primer bocado	
ピニャータ	piñata	f.
暇	* tiempo libre	
暇な	libre	a.
日焼け止め	* protección solar	
冷やす	enfriar	v.t., v.i.
百貨店	* grandes almacenes	
ひょう	granizo	m.
費用	costo	m.
病気	enfermedad	f.
病気になる	enfermarse	v.ref.
表計算ソフト	hoja de cálculo	f.
ピラミッド	pirámide	f.
拾う	recoger	v.t.
便	vuelo	m.
頻繁に	frecuentemente	adv.

ふ

ファイル	archivador	m.
ファイル	archivo	m.
ファイルに綴じる	archivar	v.t.
ファゴット	fagot	m.
ブイヨン	caldo	m.
封切り，初演	estreno	m.
不運にも	desafortunadamente	adv.
吹き替え	doblaje	m.
服	ropa	f.
フケ	caspa	f.
不足	falta	f.
舞台	escena	f.
普段は	normalmente	adv.
ブドウ	uva	f.
不動産屋	inmobiliaria	f.
部分	parte	f.

冬	invierno	m.
フライト	vuelo	m.
フライパン	sartén	f.
ブラシ	cepillo	m.
プリン	flan	m.
古い	antiguo/gua	a.
フルーツ	fruta	f.
フルーツポンチ	* ponche de frutas	
フルート	flauta	f.
ブルーベリー	arándano	m.
プレゼンする	* hacer una presentación	
プレゼンテーション	presentación	f.
プレゼント	regalo	m.
プロジェクト	proyecto	m.
プロット	argumento	m.
分析	análisis	m.
分配された	repartido/da	a.

へ

ページ	página	f.
ベース	bajo	m.
へーそうなんだ	* A poco, ¿sí?	
へとへとに疲れる	agotarse	v.ref.
部屋	habitación	f.
ベルト	cinta	f.
ベルト	cinturón	m.
ベルトコンベア	* cinta transportadora	
ベルトをする	* ponerse el cinturón	
弁護士	abogado/da	m./f.
便利な	conveniente	a.

ほ

棒	palo	m.
報告書	informe	m.
放送	emisión	f.
放っておく	dejar	v.t.
方法	modo	m.
ホール	sala, salón, auditorio	f.
他の	otro/tra	a.
他の人たち	* los demás	
保険	seguro	m.
保護	protección	f.
埃	polvo	m.
ボス	jefe/fa	m./f.
ボトル，瓶	botella	f.
ぼや	incendio	m.
ホルン	corno	m.
ホワイトボード	pizarra	f.
ホワイトボード	pizarrón	m.
ボンゴ	bongó	m.
ホンジュラス	Honduras	n.pr.
ポンチ	ponche	m.
本当に？	* ¿De veras?	
本屋	librería	f.
翻訳する	traducir	v.t.

ま

まあまあ	* más o menos	
前もって	* de antemano	
任せる	encargar	v.t.
(〜に) 任せる	* encargar a + 人	
まさに〜するところだ	* estar a punto de + 不定詞	
麻酔技師	anestesiólogo/ga, anestesista	m./f., m., f.
マスク	mascarilla, cubrebocas	f., m.
まだ	aún	adv.
町	pueblo	m.
待ち合わせる約束をする	quedar	v.i.
間違い	equivocación	f.
間違いなく	* sin falta	
マチュピチュ	Machu Picchu	n.pr.
窓	ventana	f.
窓口	taquilla	f.
マーマレード	mermelada	f.
マラカス	maracas	f. pl.
マリンバ	marimba	f.

み

ミーティング	reunión	f.
(植物に) 水をやる	regar	v.t.
店	tienda, salón	f.
見直す	revisar	v.t.
南半球	* el hemisferio sur	
見本市	feria	f.
魅力的な	atractivo/va	a.
民芸品	artesanía	f.

む

蒸しタオル	* toalla al vapor	
むしろ	* o más bien	
無数の	innumerable	a.
村	pueblo	m.
無料の／で	gratis	a., adv.

め

目薬	* gotas para los ojos	
メッセージ	mensaje	m.
メモ	nota	f.
メモする	apuntar	v.t.
メモするのを忘れないでください	* No olvide apuntar.	
メモをする	anotar	v.t.

も

申し出る	ofrecer	v.t.
もちろんだよ！	* ¡Cómo no!	
持ってくる	traer	v.t.
もっともだ	lógicamente	adv.
物音	ruido	m.
物事	cosa	f.
ものすごく寒い（口語）	* hacer un frío que pela	
問診票	* cuestionario médico	

や

役	papel	m.
役者（女性）	actriz	f.
役者（男性）	actor	m.
役を演じる	* representar un papel	
薬局	farmacia	f.

ゆ

遊園地	* parque de atracciones	
郵送する	* enviar por correo postal	
郵便	correo	m.
誘惑	tentación	f.
床	suelo	m.
ユカタン	Yucatán	n.pr.
雪	nieve	f.
雪が降る	nevar	v.i.
雪だるま	* muñeco de nieve	
豊かさ	riqueza	f.

よ

陽気な	alegre	a.
用紙	hoja	f.
様相	pinta	f.
腰痛ベルト	* cinturón lumbar	
ヨーグルト	yogur	m.
ヨーグルトのシェーク	* batido de yogur	
余暇	ocio	m.
（体調が）よくなる	* sentirse mejor	
よさそうだね	* Suena bien.	
予算	presupuesto	m.
予約	reserva	f.
予約する	reservar	v.t.
より〜	más	adv.
より小さい	* más pequeño/ña	
よりよい	mejor	a., adv.

ら

来週の月曜日	* el próximo lunes	
ライブの	* en vivo	
落第する，落第させる	suspender	v.i., v.t.
落下する	caerse	v.ref.
ラプラタ川流域の	rioplatense	a.
欄	apartado	m.

り

リズム	ritmo	m.
リハーサル	ensayo	m.
リフレッシュして	relajado/da	a.
リュックサック	mochila	f.
領収書	recibo	m.
料理	comida	f.
料理人	cocinero/ra	m./f.
旅行代理店	* agencia de viajes	
旅程	itinerario	m.

リラックスする	relajarse	v.ref.
理論	teoría	f.
リンゴ	manzana	f.
隣人	vecino/na	m./f.

れ

レインコート	impermeable	m.
歴史地区	* casco histórico	
歴史的な	histórico/ca	a.
レシート	factura	f.
列	cola	f.
列	fila	f.
レポート	informe	m.
レモン	limón	m.
レモンのシャーベット	* sorbete de limón	
連休	puente	m.
連続ドラマ	serie	f.
レンタカー	* coche de alquiler	
連絡を取る	contactar	v.i.
（〜と）連絡を取る	* contactar con	

ろ

ろうそく	vela	f.
労働者	trabajador/dora	m./f.
録画，録音	grabación	f.
（学位）論文	tesis	f.

わ

惑星	planeta	m.
ワクチン	vacuna	f.
分けて持っていく	* llevar por separado	
分けられた	separado/da	a.
忘れる	olvidar	v.t.
私の	mi	a.pos.
私は〜したいのですが	* me gustaría + 不定詞	
割引	descuento	m.
割引の	reducido/da	a.
割引を申し出る(オファーする)	* ofrecer descuento	

泉水　浩隆（せんすい ひろたか）
　　立教大学

柿原　武史（かきはら たけし）
　　関西学院大学

千葉　裕太（ちば ゆうた）
　　岡山大学

編集協力・スペイン語校正
María Nieves Rodríguez Benito
　　順天堂大学・明治大学ほか

ディアロゴス　ネクスト・ステージ

2024 年 2 月 20 日　第 1 版発行

　著　者　　泉水　浩隆　柿原　武史　千葉　裕太
　発行者　　前田　俊秀
　発行所　　株式会社 三修社
　　　　　　〒150-0001　東京都渋谷区神宮前 2-2-22
　　　　　　TEL 03-3405-4511　　FAX 03-3405-4522
　　　　　　振替 00190-9-72758
　　　　　　https://www.sanshusha.co.jp
　　　　　　編集担当　松居奈都

　印刷所　　倉敷印刷株式会社

©Hirotaka SENSUI, Takeshi KAKIHARA, Yuta CHIBA 2024 Printed in Japan
ISBN978-4-384-42024-1 C1087

表紙デザイン／土橋公政
本文イラスト／木村恵
イラスト地図／三浦ユカ
表紙・本文写真／Alejandro Contreras，泉水浩隆，柿原武史，千葉裕太
編集協力／ Mariela Pérez Antonio（Instituto Nacional de Antropología e
　　　　　Historia）

付属音声制作　株式会社メディアスタイリスト／有限会社スタジオグラッド
吹込み　María Nieves Rodríguez Benito, Juan Carlos Moyano López,
　　　　Emilio Gallego Zambrano, Pilar Espinosa de los Monteros